U0164003

黑白歷史

超時空人物訪談

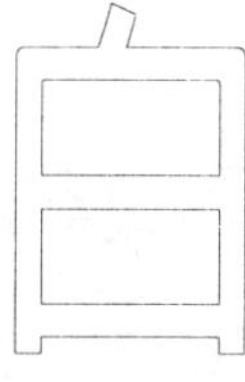

韓廷一⊙著

謹以此書慶祝
實踐大學四十五週年校慶

目錄

二、政治編

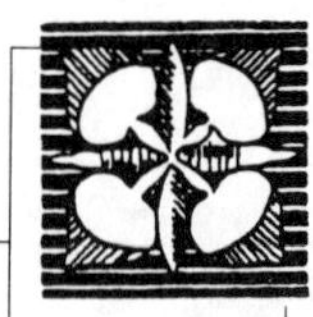

序(一) 給人物以真實‧還歷史以過程

謝世雄

國家、民族之形成與結合，胥賴歷史與文化之紀錄與傳承。單就歷史、文化而言，中華民族堪稱世界最偉大的民族之一。她有四、五千年的上古歷史；她有七、八千年的三星、河姆度文化。正因為如此，中國人的肩負，也特別沉重。大有「一部二十五史，不知從何說起？」之感，面對著汗牛充棟、浩如煙海的史料，更令人有「五色目盲、五音耳聾、心狂行妨」（老子語）之憾。更何況歷來史家，大抵以臣工備位，常為君王歌功頌德之篇章，少有披心泣血、振筆直書之作，即或賢如司馬溫公者，亦不能免俗。

傳統中國史家，陳陳相因，往往犯了梁任公所謂：㈠知有朝廷而不知有國家；㈡知有個人而不知有群體；㈢知有陳跡而不知有今務；㈣知有事實而不知有理想之「四弊」，乃生：㈠能鋪敘而不能別裁；㈡能因襲而不

能創作之「二病」（梁啟超：〈中國之舊史學〉）。因而，有人認為歷史：「祇是一堆支離破碎的事實」，「是歷代王朝的謊言大觀」……。

三年來，接連拜讀韓廷一教授所撰的「挑戰歷史」、「顛覆歷史」與「八卦歷史」。他一反傳統的筆法，而以「與歷史人物對談的方式」，賦予歷史新思維。透過他的生花妙筆，什麼叫忠？什麼叫孝？什麼叫節？什麼叫義？……。他向傳統歷史「挑戰」；他要「顛覆」歷史；他對於「八卦」的現實社會（那將是未來的歷史），在嘻笑怒罵之中，猛下針砭之道；教人或會心、或狂笑、或拍案、或跺腳之餘，深自反省。這是我所讀過最有意義的歷史教材；她的通俗性與典雅處，更是從小學五、六年級到大學碩、博士生一體適用。

韓教授今年又出了一本「黑白歷史」。為求先睹為快，故樂為之序，做強力的推薦。時當人文、藝術素養普遍欠缺的大學校園中，尤允人手一套像這樣的「超時空」讀物。

一個人能有機會使自己的感、受、識、解，形於篇章、付之鉛鋅，廣為流布，也是上天的恩寵。願以此祝福韓教授多寫、勤寫，為我們這一代鉤勒出歷史的幽渺與世情的微妙。

＊本序作者，曾任台北醫學院校長，監察委員，現任實踐大學校長，是位兼具人文、藝術素養的杏林人；平易近人，持盈保泰的教育家。

謝氏公餘之暇，以攝影為娛，以旅遊為樂；先後出版過《舞》、《天鵝湖》、《探戈》、《鏡頭印象奧塞》、《跳躍的音符》等攝影集，「攝影藝術家」之名，不脛而走。

序(二) 「實踐」與我

*劉玲玲

民國五十四年參加大專聯考，很幸運的上了榜（那時的錄取率只有三成，現在卻高達九成，真是不成比例。），雖然心裡直犯嘀咕「為什麼不再用功一點，就可以上醫學院。」（女孩子不想讀農）心不甘、情不願的註了冊。原來並不是只有我在抱怨，同學們天天吵著當時的校長謝東閔先生，要他替我們的學校（那時是三專）申請改制為學院——說實在「三專」真是一種「不上不下，不三不四」的學制。

匆匆三年已過，我們的願望並未達成，雖然若干年後真的由「實踐家政專科學校」而「實踐設計管理學院」進而至今日的「實踐大學」。大家看著她成長、茁壯，但是我們卻已享受不到改制的喜悅了。

畢業後，原本是想回學校，看母校是否能為我提供一個工作機會，但是老校長說：回家相夫教子就是最好的「學以致用」。啊！一句話點醒了

我！

由行政院青輔會介紹我至高雄旗山農校任教了兩年，其間和韓廷一老師結婚。懷孕生子之後毅然決然辭去教職，回家把「相夫教子」當成我的專職。如今我擁有三子一女兩孫，挺壯觀吧！由於自己是老師，所以我的孩子都不用念幼稚園，也不參加學校課後補習或安親班什麼的。我在他們念小學的時候，就每天盯著他們的功課，不敢稍有懈怠，讓他們養成凡事自己負責的好習慣。以後任何考試總是名列前茅，輕鬆過關。由資優班保送建中甚至台大；或高、普考或碩、博士，都易如反掌。如今長子在台大醫院任復健部住院醫師；次子在念北護旅遊健康所；參子在桃榮當臨床心理師（碩士、高考及格）；小女兒在板橋國小任教；老公也由農校教師經碩士、博士而博士後研究，目前在幾所大學兼課（五年前已自國父紀念館以研究員身分退休）。我自己也在苦守「韓」窯十八載後，加入小學代課老師的行列，更在民國八十七年考上國立台北師範學院，目前已順利取得國小教師證書。我相夫教子的成績還不錯吧?!其實這全得歸功於老校長東閔先生的一句話！和他所說的三個好習慣：「請、謝謝、對不起」；勤儉是美德；物歸原處。

我們一家人似乎與「實踐」很有緣：我和我妹妹（劉細玲小姐）先後畢業於家政科與會計科；我的老公——實踐的女婿韓廷一教授，在實踐任教二十一年之久；我的小兒子韓德彥也曾在校擔任「兩性關係」的通識課程（現正服役中）；我的二兒子（韓德威）也說等他拿到學位後，要為「她」貢獻一點心力。

「實踐」實在是個溫馨、親切、充滿著人情味的大家庭，希望校友們常回娘家，重溫舊夢！

*本文作者，自結婚那天開始，註定是我永遠的「頂頭上司」——我當家長，她當鄰長，時也，命也。她於民國五十七年畢業於「實踐」家政科，當了二年高中教師後，結婚生子，主持家「政」達十八年之久。八十七年再進修國立台北師院，現為國小教師。

歷史編

世界第一航海家
～鄭和訪問記～

義大利航海家哥倫布（Christopher Columbus）的船隊，出地中海，橫渡大西洋，於西元一四九二年十月十二日抵達今日的美洲巴哈馬羣島。他以為到了印度，因而命名此地為西印度群島；接著約翰．喀巴（John Cabot）、亞美利哥（America Aesqucci）等人的踵事增華，終於證明了這是一塊「新大陸」。從此，這群「地中海人」，發展成為「大西洋人」，最後搖身一變而為「印度洋人」與「太平洋人」，使得整個地球版圖變色——成為白人世紀與拉丁語系世界。其實，在哥倫布發現新大陸的九十年前，中國也出現了一位偉大的航海家——鄭和。他七下西洋，遠達非洲東岸的馬達加斯加、索馬利蘭、肯亞等地；甚至有人說，他繞了地球一圈。其船艦之龐大，人員之眾多，更為哥倫布等人所望塵莫及；然而一群出身

宮廷的閹宦，他們除了以天朝特使，宣揚「國威」外，還廣散金帛，以招徠朝貢，成為「厚往而薄來」的單向「國際貿易」。於國家並無一尺一土之增，於人民並無一絲一毫之富；比之西洋各國之拓土殖民政策，何其大相逕庭。今天記者找到鄭和先生，讓他為我們剖析心中疙瘩。

艦隊司令，首下西洋

記：鄭司令，您好！

和：您怎麼這樣叫我，我又幾時當起職業軍人了？

記：您從永樂三年（西元一四〇五年）到宣德八年（西元一四三三年）二十八年之間，率領龐大的艦隊，七下西洋……

和：的確有這回事。

記：您的船隊有多少？

和：人員有兩萬七千八百多人，分乘六十二艘大寶船；另外還有小型工作船一百多艘。

記：您的船有多大？

和：最大的「寶船」長四十四丈，寬十八丈，每隻船平均可載四百三十餘人。

記：就大小來講相當於現今八千噸級的軍艦，就當時來說，您已是世界最大的海軍艦隊，所以尊稱您為艦隊司令有何不可？在你之後的八十七年，義大利航海家哥倫布率領了才一百噸，二十五公尺長的聖瑪麗亞號（Santa Maria 及六十噸的尼奈號（Nina）和鵬達號（Pinta）出大西洋，航向渺茫未知的大海。

和：他的人員有多少？

記：聖瑪麗亞號上四十人，另二艘各二十五人，總共才九十人。

和：我的船隻是他的六倍大，數量是他的六十倍；人員是他的三千倍。

記：現在，還是請您先談談身世。

和：我姓鄭名和，雲南昆陽人。

記：雲南人大部分姓楊、姓簡、姓馬、姓龍……還很少聽說過姓鄭的！

和：我本姓馬，原籍西域（現今新疆疏勒地方）。

記：看您相貌像維吾爾人。

和：我的祖先是回教兵團，元朝時隨著世祖忽必烈入征雲南，因而落籍雲南；我父馬哈吉，兄文銘，另有四姊妹。

記：一個雲南人怎麼會跟明成祖搭上關係，而且成為他的親信？

宦官出身，佛回雙修

和：明太祖洪武十五年傅友德、沐英率兵平雲南，看到我們一夥兒長得英俊、高個子而又輪廓突出的小朋友，閹割過後，送入燕王府做太監，賜姓鄭名和；後來升任內宮總監。

記：做太監就非得改名換姓？

和：宮禁聖地基於「馬不能登殿」，只好被迫數典忘祖。

記：或許是避馬皇后之諱罷！那又為何「皇帝賜姓鄭」？

和：鄭者「奠邑」也，表示「安邦定國政通人和」。

記：改名換姓是永樂二年（西元一四〇四年）的事。原來您還有這麼一段悲慘的家族史，是不是明朝皇室有意的從事消滅「原住民」政策。

和：那也不見得，他們看我們長得清秀可愛，像個洋娃娃又不太洋，像個中國人卻又不太土；當然我的父母也是願意的，一筆可觀的補償金，足可改善全家人的生活。

記：人家為什麼又叫您「三保（寶）太監」呢？

和：進入燕王府後，跟隨道衍法師姚廣孝受「菩薩戒」，賜法號叫三寶。

記：是那三寶？

和：皈依佛、皈依法、皈依僧，謂之三寶，我們每吃飯必先用筷子沾湯，然後口念皈依三寶，才可「開動」。

記：誰又是姚廣孝？

和：是個僧人，是燕王的軍師頭頭總顧問；是策畫「靖難事變」的總把舵。

記：燕王為什麼特別喜歡用您們這些僧道與閹宦人士。

和：因為我們專心一志、謙恭卑順、勇於負責，再加上「六根清淨」，不貪污、不援引戚友。

記：我只聽方外人士有所謂聽、視、味、嗅、觸的五根清淨，從來沒

聽說過，還有「六」根的？

和：您真不夠意思！「哪壺不開偏提那壺」，非要打破砂鍋問到「底」不可？

記：噢！對不起，對不起！沒想到觸到您的傷痛處。當然您們不會貪污，不會攀親引戚，因為您們沒有家庭的負累。

和：而且歷時三年的「清君側之伐」，全靠宦官的裡應外合，才攻下南京的。

記：太祖當時，嚴禁宦官預政，規定不許宦官識字；還在宮門外豎鐵牌「格殺勿論」。

和：說是這麼說了，但是我們太監組有「同業公會」以及「宦官自救會」，互通有無；南京的金川門就是太監做內應開門迎降的。

記：燕王即位為成祖後，您們這些太監可神氣了！

和：自此所有被封的公候、都督都有宦官偕行，賜公侯服飾，位於諸將之上。

記：成祖為什麼特別喜愛宦官？

和：一則先前攻占南京，立下汗馬功勞；二則選派宦官，偵察外情最為可靠。

記：換句話說，您們是燕王的「第五縱隊」，也是他的「政工部隊」？

和：可以這麼說！

記：這也種下了以後英宗時王振、憲宗時汪直、武宗時劉瑾、熹宗時魏忠賢的專橫用權，最後導致明朝覆亡。

和：這我就不知，我們不談這些好嗎？

七下西洋，尋找惠帝

記：成祖為什麼要派那麼大的艦隊下西洋？

和：成祖（即先前的燕王）進入南京後，皇宮失火，建文的活體屍首，遍尋不著。

記：有人傳說他自焚而死。

和：有人說他化裝成僧人，逆長江而上，經湖北出亡到雲南駐錫在永嘉寺，隱姓埋名。

記：據說這一路上姓「讓」的人，都是他的隨從與子孫後代。

和：可是成祖不這麼想，他認為建文帝一夥人，很可能順著長江下游出亡海外。

記：所以才大張旗鼓的，叫您南下尋找惠帝。

和：成祖之接位，多少有點名不正、言不順，引起人們的議論。他正好藉這個機會，派人「出去走走」到外洋宣揚國威，從事親善外交，招諭南洋諸國輸誠朝貢，以轉移國內反彈。

記：您這一支規模龐大的「武裝使節團艦隊」，任務如何組成？

和：按工作性質，分六大部門，分工合作。

記：哪六大部門？

和：第一部是軍機部，有都指揮二人、指揮九十三人、千戶一百四十人、百戶四百零三人。

記：負責提供戰略、戰術，執行作戰任務。

和：第二部乃後勤部，有戶部郎中一人、鴻臚寺序班二人。

記：看樣子這個部門是辦理糧餉、衣甲、禮儀及文書、財務事項。

和：第三部是醫務部，擁有醫官及醫士一百八十人。

記：他們是負責醫病療傷及艦隊公共衛生、防疫等事項。

和：第四部是作戰與特勤部，包括校、尉、士、兵總數在兩萬七千人。

記：這是戰鬥任務；還有呢？

和：第五部修繕部，負責船艦、器械、機具的修繕與維護。

煌煌大部，獨缺文教

記：以上五個部門都是實作部門；那中樞運作呢？

和：有個指揮部，是整個艦隊的神經中樞。

記：有那些成員？

和：有欽差正使太監七人、副使監丞十人、少監十人、內監五十三人，總共八十人。

記：他們負責發號施令，決定和戰大計。

和：是的！

記：怎麼全是宦官？您們怎麼沒有文教部或教化部。

和：老實說宦官除了會察言觀色，懂得進退、應對、伺候人外，本身沒有受多少教育，從來未想到教化和教育問題。

記：您們下西洋總共多少次？

和：總共七次。從永樂三年（西元一四〇五年）起到宣德五年（西元一四三〇年），每出海一次二年方回，第五、六、七次分別為三年，遍及南洋、南亞、西南亞，並遠達非洲東岸各地。

記：到過哪些地方？

和：東到印尼帝汶、泗水、雅加達、婆羅乃，西經新加坡、麻六甲、印度半島、錫蘭、波斯灣、阿拉伯半島，到達非洲東岸及紅海海口，訪問了三十多個國家。

記：據說您前後七次，近三十年時光，勞師動眾，費錢數千萬，軍民死傷以萬計的「出去走走」，到底為國家做了什麼？

和：蒐羅奇貨重寶，前代所希，充溢府庫。

記：您是去替成祖做「散財童子」，美其名曰「貿易特使」。一些明月之珠、龍涎之香、珊瑚瑪瑙、鱗獅孔翠，中看不中用，對國計民生毫無用處，浪得虛名。

和：我一心只是替皇上辦事。

記：您拿著國家、人民的財用，替皇上一人辦事，更不曉得開番、撫番，用以移民、教化，紓解人口壓力，增強國力。

和：我們是一群太監，除了為皇上辦事外，不知還有其他的事要做。

記：換句話說，太監們一向被教育成「只知有朝廷，不知有國家；只知事實不知理想；只能鋪述，不能別裁；只能因襲，不能創作……」

和：其實整個中國教育，只在培養奴才，而非人才。

記：所以宣德八年（西元一四三三年），您最後一次下西洋回來以後，已經六八高齡，朝廷御前會議鑑於花費過於龐大，詔罷停止下海，各國貢使也為之中輟。

和：「階段性」的任務完成，過了二年我也去世了，整個龐大的航海事業也隨之中斷。

記：可惜啊，可惜！

和：至今南洋各國人民奉我為神明，祭祀不絕，常以我「三寶」之名，為其紀念。

記：以致到處都有三寶井、三寶隴、三寶顏之地名……

和：我深以為榮。

記：您當時若能大量推廣教育文化，也許南洋各地，不會被日後的

荷、英、葡、西各國接收了，那才是最大的遺憾咧！
和：@#★＊。

第一個放眼世界的中國人
～林則徐訪問記～

西元一七七三年英國北美洲殖民地波士頓港，發生「倒茶」事件（因抗稅而把整船的茶葉包投入海中），引發了美洲獨立戰爭，使英國失去了新英格蘭十三州的領地——即今日美國前身。

據說「番人性嗜乳酸，膠結腸腹，惟大黄茶葉，蕩滌稱神」，若數月不食，則「有瞽目腸塞之患」。美洲的獨立，加上茶葉貿易的逆差，使得英人在經濟上產生捉襟見肘的窘況，不得不從印度種植罌粟花，煉製成一本萬利的鴉片煙，以為挹注。鴉片煙成為英人的「國」貿政策。

唐朝貞元年間，阿拉伯人帶進罌粟花的種子，熬湯煮粥用以治療消化不良症。西元一六二四年到一六六六年荷蘭人占領台灣期間，從菲律賓群島西班牙人手中，輸入美國菸草。將鴉片混在菸草

中吸食；將檳榔子嵌入石灰膏嚼食，成為台灣人抵抗瘴癘的兩大仙丹靈藥。

由於底層華南勞動大眾階級的吸食，加之上層富豪家庭羈縻子弟的必需（鴉片吸食成癮後，失去雄心壯志，最合「父母在不遠遊，遊必有方」之聖人垂訓），由台灣傳入內地。鴉片煙自然成為我中華帝國的「國」煙。於是煙館處處，人手一鎗（煙鎗也），連軍隊都有「雙鎗部隊」之雅稱。

「各盡所能，各取所需」，在生產——銷售——吸食「三合一」的管道下，鴉片煙的進口數量，也就與日俱增：從雍正七年（西元一七二九年）的每年二百箱（小箱重十三點四磅，大箱重十五磅）；到乾隆五十一年（西元一七八六年），每年已達六千箱；道光初年（西元一八二一——一八二八年）八千箱；道光十七年（西元一八三七年）運到中國的鴉片高達三萬四千八百箱，值銀價二億三千萬兩左右。

這時，朝野上下才警覺到：這小小的「黑色小丸子」（所以又叫烏煙）是「以中國有用之財，填海外無窮之壑，易此害人之物，漸成涸國之憂，日復一日，年復一年……」面臨亡國滅種之危機，於是政府痛下禁煙之令。

一場「鴉片戰爭」（英人卻無恥地稱它為「商務戰爭」）從此展開。今天讓記者一訪當時禁煙主角林則徐先生，讓他詳說禁煙、細說鴉片之戰。

甫出生逢貴人・吉星高照

記：林太傅，您好！首先請自我介紹，以便讓對您心儀已久的讀者們，更增一分敬意。

林：我姓林名則徐，字元撫，又字少穆。福建省侯官縣（今福州市）人。

記：您的「名」和「字」，既不是字副其名的「同義相協」；也不合名字互補的「反義相應」，更非「連類相及」。

林：我是「景仰前賢」類。

記：怎麼說？

林：據說我出生的那天，原是個炎熱的午後，忽然之間烏雲密布，下了傾盆大雨。

記：那是個「晴時多雲、午後陣雨」的西南氣流天候。所以，您一生為官治事，都有這種「急驚風」的行事方式。

林：那倒不重要！

記：重要的是什麼？

林：那天下午福建巡撫徐嗣曾，正好出巡路過我家，下轎進屋避雨。說時遲，那時快，我正好呱呱墜地。

記：哦！為紀念省長大人的意外光臨，所以取名「則徐」。

林：對啦！意即以徐嗣曾為榜樣，做像巡撫那樣的大官。

記：所以字元撫，又字少穆。看來您父親不但希望您長大後當巡撫，還指望您出將入相（左昭右穆）呢！

林：我父親的指望後來總算沒有落空。

記：您歷任江蘇、陝西巡撫，河道、湖廣、兩廣、陝甘、雲貴總督，賜尚方寶劍欽差大人，死後追贈太子太傅，謚文忠，可說是大小的官吏都幹過了。

林：不敢！不敢！

記：您這一生有如此光輝燦爛的仕途，想來該是系出名門才對！

林：侯官林家本是福建望族，明朝時代曾創下三世「五尚書」的記錄，以後逐漸沒落；到我父親暘谷公時，算是沒落到了谷底！

記：有如股票的「跌停板」？

林：我父因家貧，直到二十九歲才成婚，三十歲考取秀才，以任塾師終其一生，養育二子八女、全家十二口的生活費用。

家貧力學・苦讀中舉人

記：那怎麼過日子？

林：靠家母領著眾姊妹們做繡花、剪紙的女紅，補貼家用，過著苦日子。

記：您父親實在很偉大，在這麼困苦的家境中，還讓您進學讀書。

林：我弟弟就沒有這麼好運氣，無力進學，只好在家做工、幫傭，受雇耕作。

記：難怪那幅「雙鶴圖」成為你們家的傳家之寶。裡面畫的是什麼？

林：一鶴升天，一鶴在田。

記：這升天的鶴，指的是您？在田指的就是令弟？

林：我在十三歲（嘉慶二年，西元一七九七年）那年，以府試第一名考中秀才，七年後（二十一歲，西元一八〇四年）再中舉人。

記：科場得意，接著就是娶妻結婚。

林：您怎麼知道？

記：立業成家或成家立業，這是千古必然的「公式」啊！

林：我迎娶了書香門第出身的鄭淑卿小姐。

記：有沒有繼續追求「三冠王」？

林：您的意思是考進士、點狀元？

記：是啊！那是士人學子的終生標的。

縣衙任文案‧巧遇巡撫貴人

林：沒有！家裡本來就窮，加上自己結婚後家累更重，只好到縣衙謀得一個文書工作。

記：朝九晚五的，在故紙堆中討生活，那豈不是埋沒了您這一生。

林：還好啦！按例每年新歲前，各司、道、府、縣，都要呈一封新年的賀稟給巡撫大人。

記：幹嘛？報告所屬機關一年來工作績效、未來工作展望，並且順便對長官歌功頌德、拍馬逢迎一番。

林：這是例行公事，如法炮製就是了。

記：說不定有的機關還照抄copy 一番，頂多改個年分便罷！

林：說的也是，可是我卻很認真地寫了一篇有內容、有前瞻性的報告。

記：巡撫大人有看嗎？多半還不是歸檔了事，賣給收破銅爛鐵和廢紙的小販。

林：新到任的巡撫張師誠可是個學驗俱豐、勵精圖治的好官。他看了我的賀稟後，連夜派一名親信到縣衙來找我！

記：那當地的縣太爺豈不嚇了一跳，以為您犯了什麼「文字獄」的大罪刑。

林：縣長可真的給嚇了一大跳，可是我不管，就算脫不了干係，我還

是得去。

記：去了之後呢？

林：巡撫拿出一大堆資料和卷宗，要我連夜擬出一個說帖，上奏皇帝。

記：他也要寫個「賀稟」給皇上；您真的花了一個通宵把東西搞定了？

林：哪有什麼辦法？而且那天還是除夕團圓夜呢！

記：第二天清晨，巡撫看了以後很滿意？

林：他還算滿意，但仍在工整的奏摺上改了幾行，叫我重新謄過一遍。

記：天啊，那不是整人冤枉嘛！

林：當然！我只好再抄錄一次。

記：這一次他非常滿意？

進撫衙・考進士

林：他立刻讓我進巡撫幕府中工作。

記：張師誠巡撫在欣賞您的文章之餘，有意要實地考考您，他不祇是考您的實力，還考您的耐力、體力與精力。前清時期，官員舉拔人才不遺餘力，可見一斑……。

林：就在我被留下寫奏章的晚上，撫台的親隨封了一百兩銀子，告知我家人有要公要辦，明早準可回家。

記：聽了真窩心！哪像現在，全是一些花拳繡腿，空心大老「官」，放著正經事不幹，拼命往人多的地方鑽，大作其秀，美其名曰：「親民愛民」。既「說」不出什麼名堂，「裝」也裝得不像，噁心死了。

林：唉，官場一年不如一年，官員一牛不如一牛……。

林：您進了撫衙工作幾年？張巡撫有沒有特別照顧您？

林：前後四年，在他那兒專心於經世之學，研習實際政務，並且在嘉慶十六年（西元一八一一年）一舉考取進士。

記：從此您一帆風順地進入宦途……。

林：在翰林院任庶吉士、編修達七年之久，先後外放江西、雲南等省擔任鄉試主考官，舉拔了不少人才。

記：您真的是個幸運之星，屢次都逢貴人。

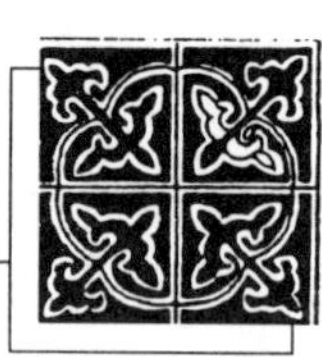

拔。

林：怎麼說？

記：出生時遇到徐巡撫路過您家，當文書員時又碰到張師誠的不次提拔。

林：是呀！尤其是張巡撫，如果不是他的話，我可能永遠在縣府裡當文書抄寫員，「三卡三考」一輩子過著鬱鬱寡歡的日子。

記：您什麼時候正式外放任官？

林：嘉慶二十五年（西元一八二〇年）我三十六歲，補授江南道監察御史；接著杭嘉湖道，江蘇淮海道，浙江鹽運使，江蘇按察使（高等法院院長），布政使（民政、財政廳長），江寧布政使。

記：這是幾年間的事兒？

林：自道光元年至道光四年，前後才四年。

記：前後四年任七個官職，再扣去赴任時間，每個職位久者不過半年，短者不過二、三個月，怎麼幹？

林：說的也是！因為我為人公正，不畏權貴強豪，所到之處立刻雷厲風行、耳目一新，眾口爭頌「林青天」來了。

記：原來您扮演的是「救火隊」工作，難怪道光皇帝這麼欣賞您。

林：救火隊是打老虎的工作，自然不能幹太久！

記：幹久了會被反撲，可見當時吏治之壞，急需像您這樣方正之士出面領導。

林：還好啦！只要我立得正、行得直，大家也沒話說。抱著「苟利國家生死以，豈因禍福趨避之」的胸懷勇往直前。

記：接著呢？

林：道光四年（西元一八二五年）至道光七年（西元一八二八年），家母、家父先後去世。

丁憂守喪期間・皇帝仍然升官

記：丁憂守喪達六年之久，這對您的「前程」豈不有很大的妨礙？

林：雖在守喪期間，但皇帝還是發表我任新職。

記：像那些職務？

林：道光五年督修江南高家堰河堤，道光六年兩淮鹽政，道光七年陝西按察使兼布政使，江寧布政使等職位。

記：您在守制中如何就新職？

林：只好看情況而定，像治水修堤的事，攸關人命，只好硬著頭皮「墨経從事」，堤一修好，立刻趕回家守母喪。

記：您真是個孝子兼忠臣，至於其他的職位呢？

林：只好向皇上懇辭，反正國家以孝治天下，不會勉強我一定履新到任。

記：我看道光皇帝是您第三個貴人，雖在守喪期間，不能赴任，他還是依例發表新職。

林：好讓我的年資、薪俸不至於中斷。

記：俗云：「女為悅己者容，士為知己者死。」像這樣的「大頭家」雖然無能、顢頇、猶疑不決，也值得為他效死了。

林：道光十年（西元一八三一年）我服喪期滿，皇帝立刻發表我任湖北布政使；半年後調河南布政使；接著又是江寧布政使、河東道總督。

記：每個職務又是不超過半年？

林：對！

記：這河東道總督是幹嘛的？

林：整治黃河下游及運河山東段的河務。

記：哇塞！那是個天下最肥的肥缺，人人欽羨的職位。

林：我對於施工過程及檢驗材料均親自履勘，尤其對堤防的地基要求得絲毫不差。杜絕了舞弊營私，才幹了三個月名聲就傳到皇帝耳中。

記：道光皇帝必定十分讚賞。

林：皇上頒旨：「向來河工查驗料垛，未有如此認真者。」遂調我任江蘇巡撫。

記：您為國家節省公帑，並使一向令人詬病的河工、河務為之面目一新，您也從此晉升為封疆大臣，獨當一面，足以證明好人是不寂寞的。

欽差廣州・查禁鴉片

林：我任江蘇巡撫前後達五年，並曾兩度署理兩江總督（轄江蘇、安徽、江西三省）各四個月。

記：這正是您得以一展長才的時機。您從嘉慶十六年（西元一八一一年）至道光十二年（西元一八三三年），經二十多年的歷練，為的不就是這一天的到來。

林：我每到一個地方，首先整頓人事，裁汰冗員，振奮士氣；其次對

於錢穀、刑名案件，綜合核實，杜絕浮濫積壓的惡習。

記：換句話說，您任官首重人事、會計之獨立；再求財稅、司法之公正。這麼說來任官行事並不難。

林：「貪」與「歪」乃是人性兩大通病，能杜絕這二大漏洞，政治自然上基本軌道。

記：It's easier said than done.

林：這正是「說來容易，做來困難」！

記：然後呢？

林：愛民如子，民之所欲，常在我心。

記：「民之所欲」何在？您怎麼知道？

林：愛護他們的子弟。江南地區每年來考舉人的秀才，有一萬六、七千人，我慎選閱卷官、嚴防舞弊，要求認真閱卷，並照顧考生在闈中生活起居，務必做到公平、公開、公正、安適的程度。

記：其次呢？

林：江南河道水路特密，首在預防水患，一有災害發動捐款賑災，並減賦免捐，以疏民困。

記：第三呢？

林：漕運方面，嚴懲幫會惡霸，掃除「黑」「金」積弊，並疏通運河堤閘，以暢通交通。

記：第四呢？

林：禁絕鴉片！

記：您如何禁煙？

林：道光十七年（西元一八三七年）我任湖廣總督，鑑於煙害之嚴重，乃下令禁煙：首先掃蕩煙館、拘禁煙販，燒毀煙土、煙具；其次合十人為保，互為連坐，一人犯禁，十人受罰；其三，配製戒煙丸，強制服用。

記：好吔！大快人心！據說現在內政部長「王主問」也正風聲鶴唳、草木皆兵地實行禁絕檳榔。

林：他也掃蕩檳榔攤，四、五個全副武裝的警察在街上追逐衣著單薄、穿戴不全的「檳榔西施」？

記：說的是！您怎麼知道？

林：吃糧拿餉，帶著攝影記者三不五時到街頭抓檳榔西施、圍捕陪酒

女郎，調侃調侃大陸妹……；香豔、刺激、火辣，真是人生一大快事暨樂事。

記：那小偷、強盜、殺人犯，都沒人抓了。

林：「軟土深掘」自古皆然。您以為警察的心是鐵做的？

記：我當然知道！警察的臉是鐵做的，所以才稱他們「鐵面無私」；可是他們的心，也是人肉做的，自然免不了有「七情六慾」的啦！

林：所以大夥兒也就見怪不怪了。

記：您是怎麼被皇上派到兩廣查禁鴉片的？那是兩廣總督的事兒，又不關您湖廣（湖北、湖南）總督的事兒。豈不是撈過界了？

林：道光十八年（西元一八三八年）正四品鴻臚寺卿（內政部民政司）黃滋爵上書皇帝主張以死刑（不論王公、官兵、人民等）禁絕鴉片，其子孫永不得參加考試。

記：黃滋爵怎麼說？

林：他在〈請嚴禁鴉片以塞漏巵而培國本疏〉中提到：「國內銀鈔日缺，無賴遊民日增，其原因實由不禁鴉片之故……以中國有用之財，填外國無窮之壑，易此害人之物，漸成病國之憂。日復一日，年復一年，臣不知伊於胡底？」最令人感動。

記：感動了皇上？

林：皇上將原〈疏〉發至各省督、撫及盛京、吉林、黑龍江三將軍覆議，結果二十八個長官都支持禁煙。

記：尤以身為湖廣總督的您主張最力？

林：我以鴉片之毒「若猶泄泄視之，是使數十年後，中原幾無可以禦敵之兵，且無可以充餉之銀」應之。

記：語重心長，懇切沉痛。

林：道光皇帝立刻賜我尚方寶劍、天朝欽差大臣關防（有清一代二百六十八年，也只有三次）、兵部尚書、湖廣總督，全權辦理禁煙，任便行事。

記：這款代誌大條囉！您知道這是踹「國際渾水」。

林：我當然知道！有道是：食人俸祿，替人消災，何況是皇上欽命。皇上為禁煙事，前後召見我十九次之多。

記：您如何擔負這個「千斤擔」。

掌握資訊・先聲奪人

林：我在未出京前，即密派幹探先行赴粵，調查最著名的大毒梟——「鐵頭老鼠」英商顛地（Lancelot Dent），角頭、堂口、煙販、官員、差役以及運送的快艇船隻；還有分銷路線，我都摸得一清二楚，嚇得顛地趕快溜回英國。

記：您怎麼有那麼大的能耐，能得知這麼多的「鴉片內幕」。

林：我於道光十九年三月十日到達廣州，立刻集合廣州三個書院的學生數百人於考棚，出了三個題目要學生回答。

記：那三個題目？

林：㈠列舉鴉片囤積的地方，以及囤積者的姓名。
㈡列舉鴉片零售商姓名。
㈢斷絕鴉片流毒的方法。

記：學生會不會有所顧忌？

林：一律不書寫姓名。

記：您果真厲害，這是第一手的 information，一個都跑不了。

林：三月二十四日貼出第一分告示：以天理、國法、人情、事勢四大理由，曉示必須禁煙的決心。

記：第二步呢？

林：令各行商與外商在三日內交出鴉片，並以中、外文切結，聲明事後永不夾帶鴉片，如有夾帶查出，「人即正法，貨盡入官」。

記：結果呢？

林：煙商只繳出一千零三十七箱鴉片，每箱補助他們茶葉五斤。

記：全廣東只有這一千多箱鴉片嗎？騙誰啊？

林：他們起初以為中國人辦事全部一個樣子，意思意思，面子敷衍一下即可。

記：那曉得您是玩真的！

林：我拒絕接受，率兵包圍商館，斷絕內外往來，撤退工匠、買辦等人員，二百七十餘外商形同軟禁，並派水師兵船行駛商館河面。

記：這下讓他們知道這個**Horse Horse! Tiger Tiger!**（馬馬虎虎）的民族，也有不馬虎（**no way**）的官員。

林：英商總監查理義律（Captain Charles Elliot）這下知道我是玩真

的，拗不過只好繳出全數鴉片二萬零二百八十三箱。

記：這些鴉片可值錢咧！要怎麼處置？

虎門燒煙．大快人心

林：大概值六百萬兩銀元，我在虎門海灘挖了二個大池子來燒毀。

記：池有多大？

林：每個池子縱橫各四十五公尺。

記：有兩個標準游泳池大小。

林：差不多。

記：怎麼燒？會不會造成二度汙染？會不會有人去挖掘未燃物？

林：首先把鴉片倒入池中，再倒入鹽滷浸泡，最後加入生石灰使之燃（無煙燃燒），等退潮時開放閘門，讓海水沖走，點滴不留。

記：總共燒了多久？燒了多少鴉片？

林：從六月三日燒到二十五日，一共銷燬鴉片二百三十七萬六千二百五十四斤。

記：您真是捍衛我民族的大英雄！了不得！全國上下必是大快人心。

林：道光皇帝立刻調升我為兩江總督，管江蘇、安徽、江西三省，不過我知道「不得了」的事情不久就會發生，可能是令全國「大痛人心」的事，我請求皇上讓我留在兩廣處理善後。

記：於是皇上調鄧廷楨為兩江總督，改派您為兩廣總督。

林：鄧很夠意思，願意留下來幫忙處理善後，並未赴任。

記：英國人心有未甘，一定會前來尋仇！

林：英國國會以九票之多數通過對中國作戰。於道光二十年（西元一八四〇年）派遣遠征軍統帥喬治懿律（Admiral George Elliot）與印度艦隊司令伯麥（Gordon Bremer），率領軍艦十六艘及運輸船隻三十餘艘，載英、印軍四千餘人，於六月間駛抵廣東海面。

記：心存挑釁！那您怎麼辦？

林：大敵壓陣，此時唯有一戰！我準備了六十隻戰船、二十隻火船、一百多隻小船，另外還買了一艘舊洋船，以便攻守。

記：人家有新型戰艦、快艇、大砲，您那些土造木船如何跟人打？豈不是雞蛋碰鐵球，以卵擊石！

林：我在虎門沿海設防，用鐵鍊、木筏封鎖海岸，不讓軍艦靠岸。另

外我還從澳門採購了西洋砲二百餘尊，分置兩岸，必要時施以砲擊。

記：這樣只是消極的防備，並不能積極地消滅敵人。

林：我用火船，乘月黑潮退之際，出其不意，四下潛出，乘著上風火攻敵船首尾，燒掉敵船桅桿。

記：這下使得英軍無隙可乘，動彈不得。

林：我又招募漁民蜑戶，潛伏各島嶼，隨時以小船火攻直撲敵船。

記：使英人鎮日提心吊膽，又無淡水供應，有如坐困愁城。

林：我又募壯丁五千人，每人給月費銀六圓，贍家銀六圓；凡殺白頭鬼一名，賞洋銀一百元，殺黑頭鬼一名，賞洋銀五十元。

記：弄得英軍不勝其煩，人人自危，只好放棄廣東做為戰場。

林：英軍無奈，只好率艦北上，占據定海，然後繼續北上，經吳淞口，直達大沽口……

一國兩制·南戰北和

記：簡直如入無人之境。沿海既不設防，也不備戰。中國水師是否也實施「一國兩制」——南方備戰，北方無警。

林：我事先有行文各省叫他們備戰！

記：他們不用您，仍然養尊處優地做他們的太平官！

林：等英艦抵達大沽口，道光皇帝也緊張了。他怪我「終無實效，反出生許多波瀾，思之何勝憤懣！」

記：皇上深處大內，除了乾著急外，還能怎麼辦？

林：為了平息英人的憤怒，把我和鄧廷楨革職查辦。

記：原先道光皇帝對您不是十分信任嗎？「不慮卿等孟浪，但戒卿等不可畏葸。」現在卻一百八十度的大轉變。

林：中國人嘛，最會起鬨！當年燒鴉片、拒英夷，人人叫好！叫座！

記：現在呢？

林：棘手的事來啦！於是萬方無罪，罪在一人，我成為代罪羔羊。大有殺林則徐以謝英夷之勢。

記：人情可見一斑，這也是無可奈何的事。

林：我還自請戴罪到浙江隨營效力，也不准。

記：您真是一個罕見的有擔當、有血性、負責任的公務員。

林：苟有裨益於國家，雖頂踵捐糜，亦不敢自惜。

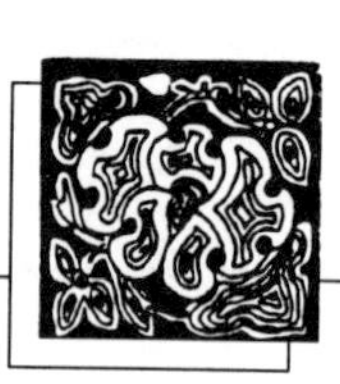

記：結果您被「從重發往伊犁，效力贖罪。」

林：道光皇帝此時對夷人已由「主剿」進入「主撫」，因而陣前換將，改派琦善去交涉。

記：終於訂立了中外第一個不平等條約——南京條約，集割地、賠款（軍費、煙價）、五口通商於一爐。

林：其實，我在抵粵之初，即已派人翻譯《澳門月報》、英人所著的《四洲誌》（一種地理新誌），並且編成《華事夷言錄要》以了解外情。主張以粵海關所徵之關銀三千餘萬兩中的十分之一用以製船造砲，足以應付夷人的挑釁而有餘，何至於訂立喪權辱國的不平等條約？

記：政府的反應如何？

林：道光皇帝斥我「一派胡言」。

記：真可印證「孤臣無力可回天」的無奈！您到伊犁以後呢？

記：我到伊犁一年，蒐集資料，撰寫《俄羅斯國紀要》，發現我中國的危機不在東南沿海，而在西北邊陲。

記：怎麼說？

林：英夷好對付，因為她究竟是遠來之國，終為中國之患者，乃是心腹之患的俄羅斯。

記：真不幸，全被您老人家料中，中國自此暗喪明失丟掉占全國三分之一的土地，最後又引進「第五縱隊」——中國共產黨，引起內戰達半個世紀之久，是福？是禍？至今不能蓋「棺」論定。

林：後來皇上又起用我任陝甘總督、雲貴總督。道光三十年（西元一八五〇年）道光皇帝駕崩，咸豐皇帝即位，再度任命我為欽差大臣兼署廣西巡撫。

記：幹嘛！

鞠躬盡瘁·死而後已

林：叫我去桂平縣金田村進剿洪秀全的作亂。

記：您去了？連最後一點點生命的游絲，也要把您榨乾。

林：有什麼辦法？君命不可違也，我帶著病軀上任，走到潮洲就死了。

記：您也實在太累了，May God bless you!

林：我不甘願，我要看著中國強大。

記：以後的一百五十年中國歷史，您不看也罷，看了您會吐血而復活？

林：那香港、九龍、澳門……豈不是萬劫不復了。

記：這個您放心！「偉大的人民政府」已經替您「和平地」收回了；不過，那個「大有為的中華民國政府在台灣」，還在高唱自由、民主、進步、希望的「獨」唱曲。

林：唉！死了也好，一了百了，眼不見為淨。

第一個共產帝國的建立者
～洪秀全訪問記～

就「共產」觀念言，西方遠古即有：柏拉圖（Plato 西元前430-347年）的「共和國」（Republic 又譯成「理想國」），都有提到；至於中國，也不遑少讓：我國的墨子（西元前479-381年）比柏拉圖還要早四十年就提出：㈠兼相愛；㈡交相利；㈢節用、薄葬與㈣非禮、非樂、非攻。這豈不是現代西方「利他主義」Altruism（俄人托爾斯泰 Leo Tolstoy 1828-1910）；「互助主義」Mutualism（俄人克魯泡特金 Peter Kropotkin 1842-1922）；「功利主義」Utilitarianism（英人邊沁 J. Bentham 1748-1832），以及唯物主義、人道主義與和平主義（德人馬克思 Karl Marx 1818-1883）思想的先聲鼻祖。

言及「共產主義」此一名詞，在西元一八三〇年以前殊未習

用，總在西元一八三四至三九年間，法國巴黎若干秘密革命組織方始用此一名稱，直到西元一八四〇至七二年間，馬克思、恩格斯之流，琅琅上口於此一名詞，以做為勞動階級者推翻歐洲自產業革命後所形成之資本階級迫害之「萬靈丹咒語」。

至於「共產帝國」之建立，直到西元一九一七年十月革命後，所建立的「蘇維埃社會主義共和國聯邦」Union of Soviet Socialist Republics 才有共產國家之雛型。

您可知道？就在西元一八四八年二月，馬、恩聯合起草，發表「共產主義宣言」，二年之後的西元一八五〇年七月（道光三十年六月）在廣西省潯州府桂平縣金田村起義。半年後建立了世界第一個共產帝國——太平天國。

現在讓天王——洪秀全現身說法，他是如何建立一個共產帝國。

立志科考・立功名・邀富貴

記：天王駕到，三跪九叩頭……。

洪：你這人也真是的！俗云：「勝者為王，敗者為寇」。我早就被打入十八層地獄，成為地鬼了，何來天王？

記：讀者們都很關心您，知道您一定有話要說的！

洪：一部長達十四年的太平天國史，五十年的個人生命史，也不知從何說起。

記：就從小說起罷！

洪：我姓洪名仁坤。

記：您的大哥叫仁發，二哥叫仁達。

洪：下有二個妹妹，分別叫辛英、宣嬌，「火秀」是我的小名。

記：那鐵定是算命先生根據您生辰八字中缺火而起的名。

洪：說的也是！就在我廿五歲那年（西元一八三七年）第三次到廣州應試失敗，接著大病一場，迷迷糊糊中有人告訴我，火字犯了天父「耶火華」（Jehovah）名諱，必須改名，方得改運。

記：真有此事，所以就改做秀全；反正水、火、木、金、土，五行全「秀」了，一個也不落。

洪：而且「全」者：人中之王也。

記：改名後，時來運轉乎？

洪：道光二十三年（西元一八四三年）我三十一歲，鼓起餘勇，再度應考，再度落榜；「連戰連敗」失望、憤怒之餘，我從此「拒絕聯考」，不再參加科考了。

記：這下您要辦科考，讓別人來參加科考了。

洪：對！大丈夫既不能受命，只好授令了。考試嘛！本來就是個麻醉人心，騙人的玩意兒！

記：唐太宗那個王八蛋，見到新進士參加曲江大宴，列隊而出時，竟說：「天下英雄入吾彀中矣！」的話。

洪：得意之狀，喜形於色。真是「太宗皇帝真長策，賺得英雄盡白頭。」

記：中國皇帝向以考試制度控制知識分子的「心」。

洪：再以三綱五常的禮制，控制老百姓的「心」；更以軍警特務控制人的「身」。

記：您考試的毅力還是不夠！

洪：「十年寒窗無人問，一舉成名天下知！」我從十五歲參加廣州府童子試算起，我足足考了十六年四屆的童子試，我以三十一歲的高齡，還去參加他媽的童子試，丟不丟人哪！

記：人家曾國藩的爹，竹亭公，經十七次的童子試，終於在四十三歲那年考取秀才；即便是曾國藩本人也歷時九載應試七次，在二十二歲那年才考取秀才的。

洪：我可沒有他父子倆這樣的耐性！

記：所以，您最後敗在曾家兄弟手中。

五考落第・神經錯亂

洪：其實我在道光十七年（西元一八三七年）廿五歲那年，第三次應試失敗，我已經心灰意冷，有著痛不欲生的感覺。

記：怎麼著的？

洪：我纏綿病榻四十多天，羞於見人。似醒未醒，如夢非夢；求生不

得，求死不能。我愧對父母，恥見祖宗，不能得功名以報養育之恩。

記：病中常生幻覺？

洪：有時突然驚醒，繞室而行，又跑又跳，作掄起大刀狀，口中念念有詞：「斬妖，斬、斬、斬；邪魔不許近身，我有寶劍防身……。」

記：是否你家的祖墳有了問題？

洪：有時卻又夢見「天國」，與「全在、全能、全知的上帝」對談，賦予我回到人間掃除妖魔的使命。

記：聽說您不但改名秀全，而且還寫了一首詩以明志？

洪：手握乾坤殺伐權，斬邪留正解民懸。

眼通西北江山外，聲震東南日月邊。

展爪似嫌雲路小，騰身何怕漢程偏。

風雷鼓舞三千浪，易象飛龍定在天。

記：這時候您的「天王意識」業已顯現，「造反」之意已訴諸文字。

洪：可是我依舊不死心，分別在我在二十六歲（道光十八年）、三十一歲（道光二十三年）時，兩度再到廣州應試。

記：為什麼？

洪：我總希望通過科考出仕，得以和平改革從事「寧靜革命」；說實在的，武裝革命乃勞民傷財，不得已的大事業。

記：孔子曰：「吾十五而志於學，三十而立……」《論語・為政》，直到卅一歲那年，您的希望破滅了。

洪：別提那個他媽的孔仲尼了！他把我給害慘了！我完全信賴並遵守孔老頭的《語錄》。從十五歲起參加童子試，積十六年之經驗，結果無功而退。

記：您對孔子從抱著希望到失望、再到絕望。

洪：我決心拋棄孔孟之四書，拒絕作儒生；我熟讀《勸世良言》，改信「拜上帝的教」。

記：什麼是《勸世良言》？

洪：那是一個叫梁發的牧師，在考場外散發的一本小冊子，是有關宣傳基督教教義的，什麼天父，聖母、聖嬰，耶穌，我都從那裡得到概念。

記：您一不做二不休，回到家中把孔子的神主牌燒了，改換上帝的神主牌。

洪：我從此領會到「上帝之前人人平等」之意。

記：說的也是！

棄孔子．信上帝

洪：我拜孔子神主牌十六年之久，結果「沒三小落用」，也該「政權轉移」，換黨做看看嘛！

記：這也是孔子「三十而立」給您的另一種啟示？

洪：對，我要自立為天王！

記：識時務者為俊傑，說的也是！就像我，在我個人的整個信仰過程中，我最早拜「木頭」（道教），接著拜「泥頭」與「石頭」（佛教），最後我又拜「鐵頭」（天主教不銹鋼的十字架）……，也都「沒三小路用」；現在我拜諸葛亮做的山東大「饅頭」，很紮實！拜完了還可以果腹充飢，真是「摸蛤仔兼洗褲，一兼二顧」！說說您的「上帝教」罷！

洪：我以耶和華為天父，基督耶穌為天兄，入教之人無分男、女、尊、卑，一律平等；男曰兄弟，女曰姊妹……。

記：那您就是上帝的第二個兒子，耶穌的弟弟，聖母瑪麗亞的第二個童貞兒子！

洪：有何不可？

記：「宗教為革命入世之媒！」紅燈罩，青蓮教，白陽轉世，八卦無為……無不可以利用；可是您為什麼偏偏挑中基督教，做為您「上帝教」的主軸。

洪：其實構成太平天國的主要背景有三：㈠是民族意識——滿漢之間的矛盾；㈡是失意的文人加上豪傑之士——他們心懷不平，無時無刻不想乘風雲之變；㈢是宗教意識，由於不平等條約的訂立，許外國人到中國內地遊歷與傳教……。

記：在「神愛世人，福音無罪」的情況下，大行方便之道。

洪：我和馮雲山在「花旗（美國）番」傳教士羅孝全（Rev. L. Roberts）的庇護下，展開教務，地方縣官不但不會阻撓，還會儘力配合作業。

記：誰是馮雲山？

洪：他是我花縣小同鄉，小時候還在私塾中同過學。他足智多謀，堪稱《水滸》中的吳用；《三國》中的孔明……。

記：他從事何種職業？

洪：他是個燒炭工人；不過他熟讀《水滸傳》、《三國演義》等書。

記：燒炭工人？怎麼會有這種行業。

洪：那是客家男人特有的行業！

記：客家人最刻苦了，女人家下田做工，侍候公婆，養育子女，一肩承擔。

洪：男人家平日上山砍柴、作窯、燒炭……；遇有戰事則以傭兵參加戰爭或械鬥。

記：那你們這個黨，足可名之為「燒炭黨」。

以神道設教・從事革命大業

洪：後來我們到廣西桂平縣紫荊山裡，找到了一個燒炭工頭楊秀清，就在那兒向燒炭工人宣傳「上帝教」的教義。

記：楊秀清很有學問？他很能「罩」得住人？

洪：楊秀清不太識字，他學過乩童，三不五時就會「起童」，宣稱上帝附身，下達上帝的旨意。

記：你們洪、馮、楊三人，可真是個「鐵三角」的組合……。

洪：怎麼這樣說我們？

記：一個嘛！以洪武傳人，九五之尊自居，有再造河山之勢；另一個嘛！熟讀《水滸》、《三國》，擅長利用羣眾、組織民眾；再加上一個假托神意以號召遺民。

洪：也是因緣際會。我們三人有如劉、關、張桃園三結義般，雖不是同年生，卻願同日死。

記：By the way! 你們如何假託神意？

洪：我們流傳「三八廿一，禾乃玉食，人坐一土，作爾民極」的順口溜，普傳民間。

記：「三八二十四」，這九九乘法表，二年級的學生都會背；你們卻說三八二十一，豈不笑死了咯！

洪：「三八廿一」洪也；「禾乃」秀也；「人坐一土」全也。這其中暗藏「洪秀全」三字的玄機。

記：你們這一夥人在玩測字遊戲嘛！對了，你們大夥兒廣東佬，不趁地利之便，在家鄉搞革命，卻跑到廣西去「造反」，「死道友嘸的死貧道」，豈不是把自己的快樂建築在他人的痛苦上？

洪：這也是不得已的事啊！廣西地廣、山多、人野；土匪更多，是召集英雄好漢，買馬、聚糧、造械的好地方。

記：你們如何跨出革命大業的第一步——也是最大的一步。

洪：桂平一帶，當時盜匪橫行，四出擾民，人民困苦無告，我審時度勢，借上帝會之名，與馮、楊等人組織「保良攻匪會」。

記：你們以「合法」掩護「違法」，企圖「陳倉暗渡」；有效嗎？

金田起義・六大天王

洪：除了我自立為天王外，有個天地會的小頭頭，名焦亮者，假冒明裔，自稱為「天德皇帝」前來投奔。

記：「王見王」死棋！情何以堪？

洪：萬事以和為貴，何況我正起步中，只好叫他改名為洪大全，封他為「天德王」。

記：讓人們覺得你們是哥倆好，共舉大業；其實是「神道」與「會黨」的暫時結合而已！還有其他的人嗎？

洪：有蕭朝貴者，廣西武宣人，貧農出身，勇敢剛強，衝鋒第一⋯

……。

記：後來您封他為西王，還把漂亮的二妹宣嬌，許配了他！他在長沙突圍時，中砲而死。

洪：宣嬌不但漂亮，而且勇健不讓鬚眉，統領女兵，與西王並肩作戰。

記：您沒封她為王？違反您提倡「男女平權」的原則！

洪：我承認她是天父的第六個愛女就是了。

記：這還差不多！

洪：有韋正、昌輝者，廣西桂平縣金田村人，生於富厚之家，他把家產全部捐出來，供作會費……。

記：您封他為北王。

洪：有石達開者，廣西貴縣人，出生於一個富農之家，二十歲即舉孝廉，智勇雙全……。富有民族思想，又盡傾家財，以助軍餉……。

記：您封他為翼王，他是您手下唯一的知識分子，據說您對他倚重得很……。

洪：重用地位僅在東王之下。

記：誰是東王？

洪：楊秀清！

記：就是那個會起童的童乩。有沒有南王？

洪：南王馮雲山也。

記：你們就憑這「六大天王」在金田村起義？

洪：當然還有秦日剛，胡以晃為丞相；羅大綱、林鳳祥等四十人為軍師。

記：你們的起義行動，有點像漢高祖。

洪：劉邦那能跟我比？我於道光三十年（西元一八五〇年）十二月初十，以三百個幹部在金田村起事，立刻就有一萬多人響應；第二年（咸豐元年）八月以三萬七千的「天兵」攻下永安州建立太平天國；再以八萬人攻破桂林。

記：為時不過二年二個月即奠都天京（南京），如秋風掃落葉般擁有天兵三百萬人，佔有半壁神州。

洪：哼！劉邦算什麼？項羽姪叔二人提兵五千給他，從秦二世元年（西元前二〇九年）前後磨蹭了八年之久，才即王位建都於長安。

記：您用兵這麼神速，已可列入「金氏世界紀錄」，是何原因？

洪：我以宗教的宣傳結合底層貧苦大眾……。

記：有用嗎？

洪：當時兩廣地方饑荒疾苦，人民困苦無告，我創上帝會，以天堂、降福、除妖為訴求；要他們「人人拜上帝，個個上天堂。」「人人要認識天父，歸順天王，同打江山，共享天福。」

記：宗教儀式很煩瑣的，要跪、要拜、要九叩首的。

洪：只要桌上點燈兩盞，供清茶三杯，即可舉行入教儀式了！

記：在土（人）客（家人）的衝突之中，你們成為人民自衛的團體，得以發展成為一個二萬人的基本隊伍。

＊《天朝田畝制度》封面

政教合一．共產天國

洪：天下皆是上主皇上帝一大家，人人不受私物，物物歸上

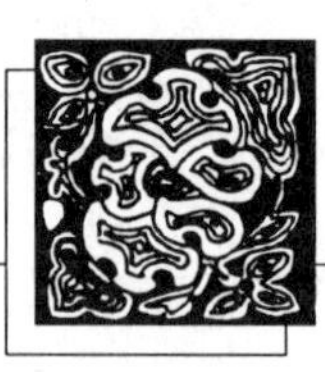

主，則主有所運用。

記：先「破」封建地主的壓迫階級思想。

洪：務使天下共享天父、上主、上帝大福：有田同耕，有飯同食，有衣同穿，有錢同使，無處不均勻，無人不飽煖……〈天朝田畝制度〉。

記：再「立」以「各盡所能，各取所需」的共產思想。

洪：「凡天下田，天下人同耕，此處不足，則遷彼處，彼處不足，則遷此處。」

記：**By the Way!** 您和楊、馮等人有沒有讀過馬克思（**Karl Marx 1818-1883**）與恩格斯(**Friedrich Engeles 1820-1895**)，於西元一八四八年二月在巴黎發表的「共產主義宣言」？

洪：什麼馬克思，牛克思的，我一概「嘸宰羊」；而且，我德語一句都不懂！

記：那英語呢？

洪：只知道：「一是汪，二是吐，三是赤痢，四是禍……」

記：那您的「共產意識」從何而來？

洪：我那有什麼共產意識？又有什麼西方思想？我只是把《勸世良言》

中的上帝揉合了我國古代大同思想（儒家）、兼愛、平等思想（墨家），拼湊而成我的「上帝革命」論。

記：您把上帝人格化了，也把自己「神格化」，造成：天父（耶和華）、天兄（耶穌）、天弟（洪秀全）新「三位一體」論。

洪：我把社會運動與政治運動，合而為一，並使之家庭化。

記：所謂「上帝為大眾的天父，人人是兄弟姊妹。」是也；還有您「太平天國」四個字怎麼來的？

洪：是《禮記》．〈公羊三世〉說中的「太平世」與基督教《新約聖經》中的「天國」拼湊而成。

記：您的社會觀強調：天下一家、天下為公、四海之內皆兄弟也；民吾同胞；以及「大道之行也，天下為公……是故奸邪謀閉而不興，盜竊亂賊而不作，故外戶而不閉，是謂大同。」《原道醒世訓》。全是如假包換的孔子思想。

洪：我考秀才五次落第，所知的就只這些！

中西合壁・神權政治

記：至於您的經濟思想，也無非模仿周禮六官（天、地、春、夏、秋、冬官）、三代井田制度及漢朝均田制。

洪：我除了宣布平分土地，還規定每戶除種田外；還要種桑、養蠶、織布，養五隻母雞，兩口母豬……。

記：那是脫胎於孟子：「五畝之宅樹之以桑，五十者可以衣帛矣！雞豚狗彘之畜無失其時，七十者可以食肉矣……」《孟子・梁惠王上》的思想。

洪：我的兵制：每廿五家為一「兩」，兩設司馬；四兩為一「卒」，卒設卒長；五卒為一「旅」，旅設旅帥；五旅為一「師」，師設師帥；五師為一「軍」，軍設軍帥……。」

記：那是秦始皇伍（五戶）、什（十戶）、里（百戶）、亭（千戶）、鄉（萬戶）的編制。

洪：上帝雖是世界的創造和主宰者，但「神州」卻是上帝所應諾給中國人居住的土地；總要君君、臣臣、父父、子子、夫夫、婦婦《王長、次兄親目親耳共證福音書》。

記：這更是儒家三綱五常的封建思想。

洪：我在《太平天日》的詔書中，極力詆毀孔老二，指出「妖魔作怪之由，總追究孔丘教人之書多錯……爾造出這樣書教人，連朕胞弟讀爾書亦被爾書教壞了！」

記：太平軍所過之處，燒孔廟、毀木主、焚詩書……其徹底之狀，正可以「無廟不焚，無像不滅，無書不焚」的地步。您是否覺得很矛盾。

洪：我對孔丘真可說是「愛之深，責之切」了。

記：您原先苦讀儒家孔孟經典，冀望通過科考，服務社會，報效國家……。

洪：但考了五次均落第時，遂由愛而生恨了，到了建立天國之後，卻又不得不以孔孟思想做為立國之道了。

記：每個新政權成立時，莫不來個「批孔揚秦」。

洪：等到新政權穩定後卻回頭來「擁孔」。

記：因為孔家「君君、臣臣……。」的思想，根本是封建政權的維護者；辛亥革命時期的國民黨如此；一九四九年的共產革命如此；未來的民

進黨亦復如此！

洪：總之，儒家思想掌控了整個中國歷史，誰也不要想背叛他，誰背叛他，誰就死的難看；看樣子，人類想要繼續生存下去，還必須從孔子的智慧中去尋覓呢！

記：**By the Way!** 您的革命大業除了受挫於士子們的儒家思想外，影響您成敗的最大因素為何？

成也宗教．敗也宗教

洪：太平天國成也宗教，敗也宗教？

記：何以說？

洪：我前面說過構成太平天國的三大背景：㈠天地會；㈡失意的知識分子；㈢宗教意識……。

記：「天地會」是啥意思？

洪：是一種民間秘密結社，以天地為父母，日月為姊妹，以崇奉「玄天上帝」為主神。相傳鄭經參軍陳永華於西元一六七四年（康熙十三年）借歃血為盟，組織反清復明的革命團體……。

記：是時正逢三藩（平西王吳三桂，平南王尚之信，靖南王耿精忠）之亂，是否鄭氏想藉機推進反清復明的工作？

洪：想當然耳！否則其組織不會由台灣流傳到福建、廣東、江蘇、浙江；更推展至江西、湖南、四川、雲貴以至海外南洋菲律賓等地。

記：他們以成仁行義互相標榜，發展面至廣。

洪：他們的分支機構就叫「忠義堂」。

記：為何又叫「洪門會」？

洪：因明太祖年號洪武（臭頭洪武），故內部互稱洪門。

記：蕭一山先生說：「洪者，漢失中土也，要會員牢記漢族亡國失去中原的事實」。

洪：他要這麼說，又有何不可？

記：我甚至懷疑您和另一首領洪大全，姓洪的原因了。

洪：我可是如假包換的姓洪，有道是大丈夫行不改名，坐不改姓；倒是那個被封為天德王的洪大全，本姓焦名亮。

記：其他還有所謂添弟會、小刀會、三點會、三合會、仁義會、雙刀會、陽盤教、平頭會、洪蓮會……又是啥門子的機構？

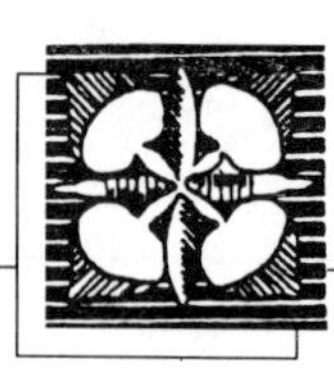

洪：那都是為了逃避清政府的緝查而改的名稱。

記：結果在永安突圍時，您把洪大全放了鴿子，致使他被清軍捉住，被殺了！

洪：消滅了一個天德王。

記：也毀滅了一個知識分子。從此，您失去了天地會的信心；之後胡孝先、錢江、王韜、容閎諸人也都望風而去。

諸王內鬨・兄弟鬩牆

洪：我原先以楊秀清為天父附身，從事於「以教愚民」代言人，那曉得他不知持盈保泰，竟然威脅到我的地位。

記：他怎麼個威脅法？

洪：長沙突圍，西王蕭朝貴死於亂軍中，我妹宣嬌變成未亡人，他竟然以上帝之命收而納之。

記：婦人之事，何必計較。

洪：說的也是！他有一次竟然假託天父之意，要打我四十杖，連北王韋正哭求開恩，願代受杖都不行！

記：結果您真的被打了四十杖了嗎？

洪：等我伏地等候杖責時，他又說天王既已遵旨，可以赦免。

記：他簡直把您當猴子耍，是可忍，孰不可忍也！

洪：秀清也真的是個人才，我們開府南京後，對外，他調度大軍分別擊破向榮的「江南大營」與琦善的「江北大營」，同時繼續北伐，逼天津，西征安慶、南昌；對內，他訂立典章，草創國家政治制度。

記：得意之下不免忘形、造成功高振主之勢。

洪：天國百姓，在他得勝回京時，竟然跪地膜拜，高呼萬歲！

記：大家事先約好的：天王萬歲，東王九千歲、西王八千歲、南王七千歲、北王六千歲、翼王五千歲的。怎麼他敢破壞既定的「行情」呢！

洪：我責備他：「弟亦萬歲矣，將置愚兄於何地？」

記：他如何自圓其說？

洪：他冷冷地說天王難道不能稱萬萬歲嗎？所以我決定叫北王韋昌輝除掉他。

記：這也是您自找的！

洪：何以見得？

記：還記得您進南京小天堂，改名為天京的盛況嗎？

洪：秀清迎我於江干舟中，天青色明，旌旗蔽空，十萬人簇擁跪接，軍官帶兵前驅，我坐黃轎中，以三十六人抬之，王娘三十六人從之……前無古人後無來者，儼然萬乘之尊。

記：然而先入城的楊秀清又是什麼仗陣。

洪：坐十六人轎，鼓吹鳴鑼，衛以牌刀手。

記：他心裡當然不舒坦，所以三不五時的找機會，削削您的威風，看是「天王」威風？還是「天父」偉大？

洪：秀清少讀書，「毋目字顧兼無衛生」，落得如此下場；那曉得北王韋昌輝殺了秀清和他的三個兄弟之後，又殺了東王府各級官員兵勇二萬餘人。

記：北王為什麼要大開殺戒？

洪：我懷疑他要取東王地位而代之，而且他的跋扈之狀，有甚於秀清。

記：何以見得？

洪：他還誣陷石達開為秀清黨羽，欲一併除之；石達開只好星夜縋城，走安慶，奔寧國府李秀成處。

記：他為的是什麼？

洪：當初在永安登極，加封的五軍主將：南王馮雲山、西王蕭朝貴戰死；東王楊秀清被屠；翼王石達開出走，不就只剩北王韋昌輝了嗎？

記：俗云：「輸人毋輸陣，輸陣歹看面」，天下未統一就起內鬨，焉有不敗之理？

洪：後來石達開從寧國府上奏天王，請誅韋昌輝以正國法；我只好下令天京文武合誅韋昌輝等，並將首級送到寧國府，交石達開驗看。

記：這下翼王石達開才回天京輔佐您。

洪：當年誓言雖不同日生，卻願同日死的歃血結拜兄弟，竟然殺伐到這個程度；此時，我對誰也不放心了。

記：「成功不必在我！」古有明訓，您又何必斤斤計較於你我！

內四王外五王・鬥爭不休

洪：這時我的堂兄弟洪仁玕從香港來奔，他通達事務，對新政頗有建樹，我大喜之餘，封他為干王；另外我的大哥仁發、二哥仁達分別被封為

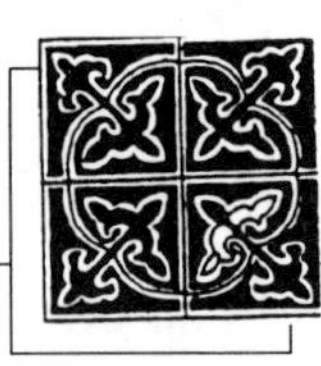

安王、福王；還有一個堂兄叫仁政的被封為邱王。

記：這就是天國後期的「洪氏四王」；尤以「邱王」仁政與天王更是親上加親。

洪：他的妻妹是我的妃子之一；換句話說，他和我有「大細目」的關係。當然，我同時也封陳玉成為英王、李秀成為忠王、李世賢為侍王、黃文金為堵王、楊輔清為輔王……以佐國政。

記：這「外五王」再怎麼英明、厲害，也敵不過你那「內四王」的窮奢極欲……，加上翼王石達開憤而帶了精兵出走。

洪：曾妖（國荃）把天京團團圍住，猛攻猛打。

記：真是屋漏偏逢連夜雨，到了彈盡援絕的境地。

洪：李秀成勸我棄城突圍，我不答應；又請自擁幼主貴福西走江西，天王留京待援，我也不答應……。

記：您為何這般固執？

洪：我相信南京就是我的「小天堂」，我不願離此一步，我命大家以「甘露」（百草）為食，「朕即上天堂，向天父、天兄領到天兵，保固天京……。」

記：您就這樣撒手不管，自個兒回天堂與天父、天兄聚首。

洪：天國並非亡於曾妖之手，而是亡於自己之手。

後記

失意的知識分子結合無以為生的窮苦大眾，乃革命造反的兩大支柱（辛亥革命、紅軍革命亦莫不如此）。洪楊革命之所以能在三年內奠都南京，建立橫跨兩江（珠江、長江）精華地區大帝國，其原因即掌握了這兩大支柱。

後期的太平天國由於倒行逆施、驕奢淫佚。知識分子由擁護者變成反對者，甚而仇視者；至於《天朝田畝制度》「有田同耕，有飯同食，有衣同穿，有錢同使」也都口惠而實不至，導致人民更加窮困，所以註定敗亡。

時序進入廿一世紀「民主」時代。「選票」乃另一種「政權轉移」方式；不過，海外失意的「知識分子」與「三級貧戶」的街頭遊行仍然是革命造反的兩大支柱。「新政權」若得意忘形，胡作非為，「非核家園」、「經濟復甦」、「老年年金」……流為形式，到時仍免不了「換人做做看」的下場。

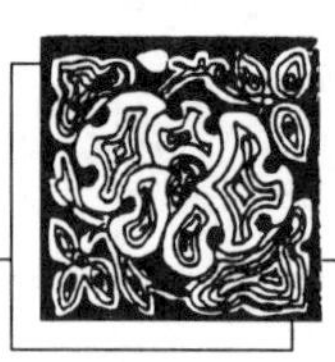

天有二日·人有二主
～毛澤東訪問記～

在國民黨版本的教科書中，毛澤東先生是個萬惡不赦的獨夫兼殺人魔王。他是「漢奸」，在蘇俄的羽翼下，成為「侵略」中國的代理人。是邪？非邪？

毛氏自幼桀驁不訓，自稱「逆子」，一生樂於挑戰，也善於挑戰。他說：「與天鬥，其樂無窮；與地鬥，其樂無窮；與人鬥，其樂無窮。」直到逝世前，他還說：「除了鬥爭是『肯定的』之外；其他都不是『肯定的』。」總之，挑戰、鬥爭，伴隨著他的一生；而其中最大的對手當是蔣介石先生。

民國十六年（一九二七年），蔣介石的北伐軍才攻下南京，即刻顯現出「天無二日，民無二主」的獨裁大軍閥作風。他於是年四月十二日舉起屠刀，砍向「異議者」。是時也，各方「權力」（從西北、華北、西南、東南到東北者）團體，有暗通款曲者，有虛與委蛇者，有忍聲吞氣含垢者，有通電易幟，擁護「統一」者；結果，一個個被整肅的整肅、被暗殺的暗殺、被流放的流放，被禁閉的禁閉，沒有一個得到善終。

只有毛澤東先生高瞻遠矚：思人所不敢思，見人所不能見。他「不信邪，偏要出兩個太陽給他看看」。在「槍桿子出政權」的鐵律下，經過二十二年（自民國十六年至三十八年）之堅苦卓絕鬥爭。逼得一個擁兵六百萬、美援現代化武器裝備的五星上將、世界四大戰勝國領袖的蔣介石竄逃海島，成了現代「田横」。「反攻！反攻！反攻大陸去！」喊了二十六年之後，鬱卒於大溪之畔。死不瞑目，至今未能入土為安。

毛氏建立了中華人民共和國，使中國人民從此「站了起來」，並在隨後的二十七年間（西元一九四九年～一九七六年），開創了中國歷史的另一個時代——是為新中國。

今天非常難得，記者有機緣，一訪這位外國人眼中的「現代秦始皇」、「列寧第二」、「二十世紀人類屈指可數的偉大人物」。

傳統家庭．貧農之子

記：可敬的毛主席，請接受《黑白歷史》記者的訪問。

毛：喔！不敢當。請你喊我毛先生或「老毛子」都行，甚至叫我「石三伢子」都行！千萬別喊我毛主席，折煞人也！

記：怎麼回事？您不是「永遠的毛主席」嗎？

毛：我們共產黨人，主席輪流坐，明年到胡家；現在可是江澤民主席，我們可不像國民黨那樣，有永遠的總理，永遠的總裁，永遠的總統；別人只配當「代理」總統，「臨時」總統！

記：還有永遠的國民革命之父，青春永駐的台灣民主之父，唯一的台灣之子……。

毛：狗屁！就是沒有永遠的江山。

記：不過台灣還是有個永遠的總統，陰魂不散的老番顛！讓我們閑話表過，言歸正傳。

毛：我姓毛名澤東，字潤芝，常以「潤之」行之；筆名二十八畫生。湖南省湘潭縣韶山沖人。

毛：您這名和字有何關聯？

毛：我父毛順生是個自耕農，斗大的字也認不了二擔；但他對我們兄妹四人，卻寄於厚望。希望他的孩子能澤於「東」亞，澤於人「民」（二弟），「覃」恩廣澤（三弟）；並分別取字為潤芝、潤蓮、潤菊；小妹叫澤建，乳名菊妹子。

記：是否因為她生於潤菊之後，所以喊她菊妹子。

毛：她生於金風送爽，菊花飄香的秋天，故而叫菊妹子。她原是我堂妹，是我叔毛尉生的女兒，因為叔父早逝，無以為生，才過繼到我家。

記：為什麼以「二十八畫生」做筆名？

毛：「毛澤東三字，加起來不是剛好二十八畫嘛！」

記：一、二、三、四……真的二十八畫，**By the way!**「共」字，上下分離，也是廿八。這麼說來，您是天生共產黨領袖，永遠的領袖！還有「二二八」和平記念日，橫二一、豎二加二撇，也是「共」。

毛：哈哈！哈哈！你要這麼說，我最高興啦！

記：聽說您的乳名叫「石三伢子」，這是怎麼回事？

毛：我母親十三歲就與小她三歲的父親訂親；十八歲結婚，婚後生下

兩胎均夭亡，我是第三胎。

記：可能是太早圓房的關係，令尊才十五歲，怎麼「屎」？

毛：可是鄉人不察，以為孩子不為神明所祐。一八九三年十二月二十六日生了我之後……。

記：唯恐再夭折？

毛：我母多方燒香拜佛，祈求觀世音菩薩保佑這命根子。除了自己吃「觀音齋」外，還把孩子抱到「石觀音廟」叩頭拜神靈，認石頭為乾娘，寄名石頭，以便撫養。

記：「石三伢子」意即石頭媽的第三個孩子，用以提醒石頭媽：「妳前面的二個親子，夭折過世了」，有效嗎？

毛：好像有效！接著又生了澤民、澤覃二個弟弟。

記：總之，有拜還是有效就是了。

毛：當我十四歲時，我父仍然按照這個陋習，給我娶了一房十八歲的媳婦——羅氏。我堅決反對，以離家出走為要脅。

記：他們為什麼要實施這種「小丈夫大媳婦」制度；而且代代相傳，炮製婚姻悲劇。

毛：可能是著眼於農村「生產力」的關係吧！

記：怎麼說？

毛：娶了大媳婦回家操作家務，帶領弟妹，甚而下田勞作；因為這時她的婆婆正值另一種「生產」年齡。等過個三、五年小丈夫長大後，輪到媳婦「生產」。

記：充分的使用「勞動」力；對了，您剛才說，你是韶山沖人。俗諺「韶山沖，沖連沖，十戶人家九戶窮；有女莫嫁韶山沖，紅薯柴棍度一生。」

地靈人傑．曠世偉人

毛：還有「韶山沖，長又長，砍柴做工度時光；雞鳴未曉車聲叫，隔夜難存半合糧。」

記：這麼說來，韶山沖是個貧瘠的地方，卻有「韶」這麼美的名字。《論語．述而》「子在齊聞韶，三月不知肉味。」說得好美，好美！

毛：沖者，山區的平地也；因而，除了下田耕作，上山砍柴伐竹之外，實在沒有第三種行當，所以鄉人普遍的貧窮，但是因為有山有水，風

景倒是十分秀麗。據說當年舜帝從首都蒲坂（今山西永濟縣）南巡，過黃河、越長江、涉洞庭，見識了湘江山水之美……。

記：蒼松翠竹、山青水秀，不覺心曠神怡……，缺只缺絲竹之美與卡拉ＯＫ之唱……。

毛：帝舜命擺下管弦樂隊，吹奏起〈簫韶．九成〉的樂章。

記：於是「鳳凰來儀」《書．益稷》；亦即召集了諸侯會朝。

毛：由於帝舜的音樂叫〈韶樂〉，傳遍了湘江平原；於是那兒的山叫「韶山」；溪流叫「韶水」，陡峭的山峰叫「韶峰」（又叫仙女峰）；山巒綿亙下的沖積地就叫「韶山沖」。

記：「山盈川沖，后土所以播氣。」（晉、陸機《演連珠》）地靈人傑，出個曠世偉人，也就不在話下了。

毛：不敢，不敢！

記：照這麼說，你們家也是貧農出身？

毛：不錯！我父是個貧農。年輕的時候，由於負債過多而被迫當了好幾年的兵……。

記：鴉片戰爭之後，割地賠款，開五口通商；洋糧、洋貨、洋教排闥而入。帝國主義的經濟、文化侵略，加速農村自然經濟的解體與全民自信心的崩潰。

毛：農村經濟破產後，無以為生，只好去當兵。

記：當兵保家衛國，總是好事一樁。

毛：那兒的話？在我們家鄉，當兵就是「合法土匪」的代名詞。

記：您怎麼這麼侮辱當兵的？

毛：他們為爭奪地盤，殺人盈野；為爭城鎮，殺人盈城；一百五十年來，大、小軍閥勾結英國、勾結日本、勾結法國、再勾結蘇聯；其中「閥中之閥」**The Lord of Warlords** 以蔣、宋、孔、陳四大家族，集軍事、政治、財政、暗殺於一體，成為超級大軍閥。

好鐵不打釘·好男不當兵

記：難怪傳統有「好鐵不打釘，好男不當兵」之說；不過，您這樣說蔣公有失公允，他究竟領導全民從事浴血抗戰八年之久。

毛：那是「黑白歷史」這麼說的，其實他是被張學良的「西安事變」打著鴨子上架的。

記：他在盧山發表談話：「最後關頭一到，我們只有抗戰到底，犧牲到底……。」

毛：他還說：「地不分東西南北，人不分男女老少，戰到最後一兵一卒……。」

記：最後，他與宋美齡夫婦倆，躲到重慶的山洞裡去「一兵一卒」了。這麼說來，他都沒有打抗戰？

毛：他打過那個戰役？

記：七七抗戰第一砲聲響，誰打的？

毛：宋哲元（廿九軍）、馮治安（卅七師）、吉星文三位軍、師、團長全是西北軍。

記：九月下旬的太原之戰呢？

毛：是閻錫山打的。

記：廿六年底徐州會戰台兒莊大捷呢？

毛：那是桂系李宗仁和東北軍打的。

記：那您又打了什麼戰役？

毛：我？廿六年九月廿五日的平型關大捷；廿七年八月二十日的「百

團大戰」。我以「小米加步槍」的裝備，從事敵後游擊戰，牽制侵略日軍百分之六十四，牽制偽軍百分之九十五。

記：您總不能就這樣一筆抹煞蔣先生對抗戰的貢獻，難道他連一個會戰都沒打過？

毛：有啦！那就是起自民國廿六年八月十三日閘北交鋒到十月卅一日謝晉元退入英租界為止的淞滬大戰。

記：結果怎樣？

毛：蔣介石孤擲一注的將七十萬精兵，投入此一「淞滬保衛戰」……

……。

記：有那些部隊參戰。

毛：京滬警備司令兼十七集團軍司令張治中；中央軍總司令朱紹良轄第九、第二十一集團軍；右翼軍總司令張發奎轄第八、第十集團軍；左翼軍司令陳誠轄第十五、第十九集團軍另直轄部隊九個師；外加海空軍的支援，最後連「稅警總隊」孫立人都投入戰鬥。

記：有輝煌的戰果嗎？

一將功敗・六十萬軍民成枯骨

毛：開戰二個半月，卅萬精英全被消滅；日軍乘勝迫近南京，「吹捧將軍」唐生智不戰、不守、不退、不和、不死、不降。造成日軍在南京的「卅萬大屠殺」。

記：這都是當時「第三戰區兼司令長官」蔣介石親自指揮的戰役？他出身於日本士官學校，戰鬥、戰術、戰法……。他應該很在行才對呀！

毛：他年輕時二度到日本學習。一九〇六年四月進東京清華學校才半年多。

記：那是一所軍事學校嗎？

毛：語文學校，補習日語！

記：第二度呢？

毛：一九〇八年進入振武學堂。

記：那是日本士官學校嗎？

毛：當然不是。它和私立成城中學屬於同一性質，是一所日本「清國留日陸軍學生委員會」的陸軍預備學校。

記：它跟日本陸軍士官學校有何關係？

毛：這個學校設在東京都、新宿區河田町（現為東京女子醫科大學校舍），原是陸軍士官學校的臨時校舍；當然，該學堂很多教官來自於陸軍士官學校、陸軍幼年學校或退休、或兼任、或代課的倒是不假。

記：這麼說，他不是「正港吔」軍人！

毛：周恩來說他：「怎麼看也不像個軍人，作為一個戰術家，他是一個拙劣的外行，說他是戰略家也許還湊合！」

記：總之，他的政治「嗅覺」，要比軍事嗅覺敏銳多了。不過，他在振武學堂三年的學習期間，多多少少鑽研了一些「紙上軍事學」；而且，他在一九一〇年十二月被派至新瀉縣高田野砲兵聯隊，實習二等兵一年。

毛：去那兒替日本人擦馬，在近北海道的極地從馬蹄、馬腿擦到馬背、馬頭、馬尾；每一個關節、每一處肌肉，都要用乾稻草磨啊，擦啊的。

記：您有沒有搞錯啊，他是砲兵聯隊，怎麼會去擦馬呢？

毛：那時候的野炮是用馬拖的！

記：這我瞭解了！那他騎術應該很好才對！

毛：你又搞錯了！他在砲兵隊只是馬的「維護者」「服侍者」，而不是「騎乘者」。

記：您的意思，他連馬都不會騎？太誇張了吧！

毛：誰蓋你的！民國十五年八月十四日，蔣總司令召集第七（李宗仁軍）、第八（唐生智軍）兩軍，在長沙東門外大校場閱兵。

記：那是個很大的閱兵典禮。

毛：總共二萬多人受校。當總司令高大的棗紅色座騎，閱畢第七軍，緩緩舉手答禮，態度從容肅穆……。

記：有國民革命軍之父兼北伐總司令大將軍之風。

毛：唐生智第八軍排頭的軍樂隊，立時奏樂……。

記：金光閃閃，樂聲大奏，號兵隊長口令下達，十餘號兵尖聲刺耳的吹奏起「崇榮樂」……。

毛：你怎麼知道？

記：「沒吃過豬肉嘛，也看過豬哥走路。」，我雖沒打過仗，但憑我一七五公分的塊頭，裝個門面，卻是綽綽有餘，參加過多次閱兵大典。

毛：說時遲那時快，戰馬受驚，怒嘶一聲，前蹄高舉向校場中心狂奔而去……。

記：他勒韁不住，也不會抱住馬脖子……？

毛：頓時手足四腳朝天，翻鞍墮地，被拖行二丈多遠……。

記：慘不忍睹的一幕，笑掉人的大牙，結果呢？

毛：眾人七手八腳的把他扶起，雪白的手套變成黃泥套，畢挺的毛嗶嘰司令服滿是污泥，帽墜靴落；不過他還是很有毅力的，在一顛一跛中，以徒步完成了閱兵典禮（見《李宗仁回憶錄》第二十三章）。

記：您都不知道，每次看他騎在一匹白馬的英姿，要有多羨慕就有多羨慕。

毛：說穿了，他不是人騎馬，而是馬馱人罷了。

嚴父慈母・腳踏實地

記：說說您小時候的趣事！

毛：我爸腦袋靈敏，生財有大道，精明得有點刻薄。他常說：「吃不窮，穿不窮，人無算計一世窮。誰會盤算，誰就能過好日子；不會盤算的人，你給他金山、銀山，也是空的。」

記：您怎麼說你爸近乎刻薄？

毛：我家原有十五畝耕地，年收六十擔穀子，全家吃用，年年結餘；有一年趁堂叔毛菊生家道中衰之危，買下了他家賴以維生的七畝良田。

記：他既不仗義疏財，也不顧及兄弟情誼……。

毛：他還說：我們不買，別人也會買；不買白不買！

記：你爸很懂得經營之道？

毛：他很有眼光，買足了地，坐收地租；並在「長慶和」、「祥順和」、「彭厚錫堂」等店鋪投資生息。

記：他深知「雞蛋不可擺在一個簍筐內」的經營哲學。你們家也因此從貧農、中農至富農的地步。

毛：但我媽文七妹仍然過著儉樸的勞動生活。

記：文七妹？我在外文資料中，看到的是「文其美」。好幽雅的名字，敢情是您得意之後，土俗的「七妹」立刻美化為「其美」。

毛：那可沒有！那是美國記者埃德加．斯諾（Edgar park Snow 1905-1992）在他的《西行漫記》（Red star over China）文七妹用羅馬拼音成Wun Chi-mei；翻回中文，陰錯陽差的成了「文其美」了。

記：您可不像有些好名昧時到把自己的名字，隨著時勢從周泰、瑞元、志青、介石到後來的中正；於是中正大學、中正理工學院、中正高中、中正國中、中正國小、中正幼稚園、中正托兒所、中正育幼院……；他的辦公室叫介壽館在介壽路……。

毛：還有中正堂、中正廳、中正路、中正獎、中正紀念章……差一點要把奉化縣改名為中正縣。

記：在台灣每個學校、每個機關、每個路口都有蔣中正銅像……。

毛：據說如果把所有或立、或坐、或騎馬的銅像，拆下後每隔三十公尺擺在中山高速公路，可以從基隆排到高雄。

記：猗歟盛哉，又是台灣所創造的另一項金氏世界紀錄；By the way! 我怎麼沒聽過澤東路、澤東堂、澤東縣、澤東大學、澤東銅像之類的名稱。

毛：我不在乎這些「表象」，我要人民來自「內心」的感念。

記：不過您才過世一年，雄偉的「毛澤東紀念堂」分別聳立在首都北京與您的家鄉湘潭縣。一些石像、銅像開始在各地矗立著，俯瞰著大地。

毛：那是我死後的事，我管不著，要是我活著的話，絕對不准！

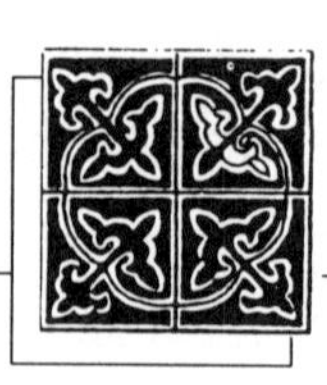

記：這幾年我去中國大陸，人人胸前一枚毛徽章，連汽車的駕駛座上也車車吊著毛主席像。

毛：他們認為這樣行車才「永保安康」；對了！台灣應該吊著蔣公像才對！

記：他們吊媽祖、濟公或彌勒像。

毛：才見人心，人心乃見。

家分兩黨・與父親鬥

記：別扯遠了，讓我們回到主題！說說您的求學經過吧！

毛：依我爸那種「老坎」個性，是不願意花錢讓我們讀書的，農民之子，能認得個阿拉伯數字，記記帳，便也了不得了。

記：後來又怎麼想通了呢？

毛：我爸雖然經營有道，財源滾滾；但每碰到訟爭案件，卻往往弄得理虧財空，所以決定送我入鄒春培的私塾上學。

記：那你媽呢？

毛：我媽雖不識字，但心地善良，待人寬容謙讓，與我爸的自私、專橫，有著天壤之別。她常背著丈夫，送米給討荒的窮人，常給菊生叔家送白米、送臘肉的。

記：因此，你們家分成二黨。

毛：我父親是執政黨；我母親和我以及弟妹們成為在野的反對黨。

記：彼此之間，是否發生「黨爭」。

毛：我們討厭他的刻薄、自私、專橫、小氣、不盡情理……；他罵我懶惰、忤逆與不孝……。

記：父子之間形同水火……。

毛：他經常板起臉孔，講些「父慈子孝」的大道理，來教訓我。

記：以三綱五常「吃人的禮教」壓制您。

毛：我就引用《大學》章句說：「為人父止於慈」（第四章）並強調父慈在先，惟有父慈才能子孝；至於說我懶惰嘛！大人嘛就應該比小孩子多幹點活兒；等我到你那個年紀，幹的活鐵定比你多。

記：「造反有理，革命無罪」，常弄得你父哭笑不得。

毛：我那個塾師也真是的，既粗暴又嚴厲，每天盡叫我們背書、背書，背不會就打……。有一次，我就蹺家出走，在外流浪了三天。

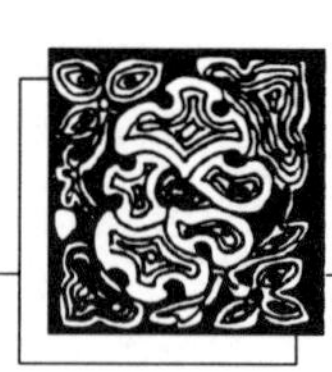

記：家人與老師不急死才怪，肯定是派人到處找。

毛：最後在離家八里的地方找到我。

記：這下你爸不打死你才怪！

毛：我回到家後，想不到情況獲得改善；父親稍微比過去體諒了些，老師也對我溫和多了。

記：這是您第一次「罷課」成功？可見鬥爭還是有用的，「軟土深掘」這是人之常情。

毛：韶山沖的夏天又熱又悶，悶得真受不了。有天中午老師正好外出，我們實在坐不住；我帶著大夥兒跑去池塘游泳……。

記：被老師逮個正著。這下完了，有頓「竹筍炒肉絲」的大餐可吃了。

我開除了老師

毛：我即刻拿了論語大聲的念了一段：「春服既成，冠者五、六人，童子六、七人，浴乎沂，風乎舞雩，詠而歸。」給老師聽。

記：那是描寫孔子帶領了七十二弟子（高四班三十人，國四班四十二人）到沂水游泳，在求雨台上乘涼，最後唱著山歌回校的事兒；敢情老師從此也帶你們去游泳了。

毛：老師看了，氣得兩眼翻白，頓時下不了台……。

記：「以子之矛攻子之盾」，這是您的鬥爭拿手好戲。

毛：他臉孔一陣紅、一陣青地，扯著我到家，對著我父親說：「你家潤之了不得啦，他的才學比我高，我教不了啦！」

記：您就這樣把塾師趕跑了？

毛：不教就不教，又有什麼了不得！老師可以開除學生，學生當然也可以開除老師。又有一次我爸竟然在大庭廣眾之下，當著眾多客人面前，罵我懶惰、無用、蛀米蟲……。

記：你父親不懂兒童心理學，一點兒面子也不給你留著。

毛：說的也是，我也當著眾人面頂撞他。他拿著大棍子要打我，我轉身就跑……。

記：人在氣頭上會打死人的！

毛：最後，我被追到池塘邊，聲言再打我，就要投塘自盡了。

記：這招有效嗎？

毛：父子倆在池塘盡頭，你瞪我，我看你的。弄得他不知所措。一則他不能在眾人面前丟面子；二則他真的怕我自盡。百年之後，沒有「捧斗」的長子，到九泉之下都會沒有面子了。

記：總得找個台階下嘛！

毛：他要我下跪、磕頭、道歉，以示順從就是了；他也在眾人面前許諾，以後不再打我。

記：從此父子倆相安無事。

毛：我拒絕叩頭，但可以跪單膝，向父親認罪……。

記：為什麼只跪單膝呢？

毛：另外一隻腳屬於母親的，等我得罪母親時才跪的；跪時我用手指在地上劃了好幾個「不」字。

記：你父親真的鬥不過你，拿你沒法了。

毛：這是我八歲到十三歲的事情。

記：這時間您讀了些什麼書？

毛：三、四、百、千、千……。

記：是教育部推行的一種「建構數學」嗎？

毛：三字經、四書、百家姓、千字文、千家詩啦！

記：不止這些吧！

毛：正課就讀這些；可是我不喜歡讀經書，我在家自修半年，幫農二年，讀過《岳傳》、《水滸傳》、《隋唐演義》、《三國演義》、《紅樓夢》、《西遊記》……，等我讀了《盛世危言》之後，我決心離開韶山沖到縣城湘潭去見識一下。

記：這麼說是魏源的《盛世危言》啟迪了您的思想。

毛：另外，我也讀了《新民叢報》。我非常崇拜梁啟超和康有為，他倆擴展了我的眼界。

東山高小・湘鄉駐省中

毛：我十七歲那年挑著簡單的行李和書籍，遠遠地揮手；雙親和弟妹目送著我，獨自前往五十里外的東山高等小學堂。我還在父親的帳簿裡寫下：「孩兒立志出鄉關，學不成名誓不還；埋骨何須桑梓地，人生無處不青山。」的四句話。

記：您改寫西鄉隆盛的詩，您對他的豪氣十分欣賞。

毛：雖不能至，心嚮往之，總要有這麼一點點氣勢；另外，我給我自己新取了名字叫「子任」。

記：可有特殊涵意？

毛：寓以「以天下為己任」之意。

記：您很順利地進入了「湘鄉縣立東山高等小學堂」？

毛：這所學校原叫「東山精舍」、「東山書院」；是湘鄉地主豪紳們培養子弟的地方，學雜費和膳宿費都有相當的補貼。

記：可是您非湘鄉人，既沒有背景，人家如何准您進學？

毛：入學考試出的作文題目：〈言志〉「獨坐池塘如虎踞，綠楊樹下養精神；春來我不先開口，哪個蟲兒敢作聲。」

記：您借青蛙，抒發了求學，進而行救國、救民之大志向。

毛：校長李元圃先生閱後，大為驚異，認為我是一名建國人才，就破格錄取了我。

記：在這個學校，學了些什麼？

毛：中外文學，史地以及自然科學，並沒有什麼新知識。不過，我期考的成績十分優異；李校長和國文老師賀嵐綱先生正好應聘到長沙「湘鄉駐省中學堂」任教，他們推荐我到那兒讀書。

記：您在這個中學堂一定精進不少吧！

毛：我一面刻苦讀書學習，一面留心觀察社會動態……。

記：什麼樣的社會動態？

毛：當時正是西元一九一一年春夏之交，也是辛亥革命的前夕。

記：人心浮動，正所謂「山雨欲來風滿樓」之狀。

毛：我大量的閱讀《湘學新報》、《民立報》等「反動」雜誌，也知道「驅除韃虜，恢復中華，建立民國，創立合眾政府」孫中山的革命綱領。到處開會演說，還剪掉辮子呢！

記：您是革命黨還是維新黨？

毛：當時在我腦海中，並沒有什麼所謂的維新或革命，只曉得當務之急是推翻腐朽的滿清王朝，把孫中山從日本請回來當新政府的總統，康有為當國務院總理，梁啟超當外交部長就是了。

記：原來您的思想也是漸進的……。

毛：怎麼說？

記：從「君主立憲」到「舊（資產階級）民主主義」，再到「新（無

產階級）民主主義」革命。

當兵讀書．見機行事

毛：我在這一年的十月底，以實際的行動，在長沙報名參加了湖南革命軍，支援武漢，準備與袁世凱對抗。

記：您參加了戰鬥的行列？

毛：我滿腔熱血的投軍從戎，原想大幹一場，沒想到不久南北議和成立。南北統一，南京政府被解散了。

記：您參加了半年的「湖南軍」也解散了？

毛：「湖南軍」倒沒有解散，只是焦達峰與陳作新等人被刺殺，軍權落入新軍閥譚延闓之手。

記：這就是所謂的「新湘軍」！

毛：我認為革命已經過去，於是脫離軍隊，決定回去讀書。

毛：我退出新軍，回到長沙，準備繼續求學。

記：士、農、工、商、軍、警……各有特色，您準備學那一行？進那一行？

毛：有警察學堂，有肥皂製造學校，有法政學校，有高級商業學校，有湖南省立一高……五花八門，美不勝收。

記：各有千秋，各領風騷就是了。

毛：警察學堂固然好，肥皂學校也不賴，他們打著「製造肥皂對社會大有好處，可以富國利民，不收學費，供給膳宿，還有津貼可領……。」每個學校化一塊大洋報名，我全考取了。

記：決定讀那一個學校？這些學校怎麼這麼好考？

毛：他們只考作文一篇，那是我的拿手好戲，最後我決定就讀高級商業學校，以取悅於我父親。想起我這輩子在家中扮「反對黨」的角色，不如來個「藍綠政黨大聯合」，不過我在這個學校只讀了一個月便走人了。

記：您被學校開除了，還是您開除了學校？

毛：都不是！這學校的許多課程都用原文本，要老命的是大多數老師還用英語講課呢！

記：怕什麼！發揮革命的大無畏精神克服它就是了。

毛：可憐的我，英文字母明明有二十六個，我頂多認識十五個，就像無字天書般。第一次月考我除了國文及格外，其餘「滿堂紅」，而且他們

還沒有專門的英語課，可資補習。

記：後來，您就進了「湖南省立第一中學」？

毛：我以一篇六百字的〈商鞅徙木立信論〉，讓國文老師拍案叫絕，以滿分入學。

「重慶會談」・弦外之音

記：說到文章，您的詩、詞、文章真不是蓋的，尤其您那首〈沁園春・詠雪〉文情並茂，風格獨絕，氣勢之大，前無古人後無來者，勉強比喻，辛棄疾的詞差可比擬，蘇東坡的〈赤壁賦〉可望您的項背。

毛：你說的是：「北國風光，千里冰封，萬里雪飄。望長城內外，惟餘莽莽；大河上下，頓失滔滔。山舞銀蛇，原馳蠟象，欲與天公試比高。須晴日，看紅裝素裹，分外妖嬈。　江山如此多嬌，引無數英雄盡折腰。一代天驕，成吉斯汗，只識彎弓射大鵰。惜秦皇漢武，略輸文采，唐宗宋祖，稍遜風騷。俱往矣！數風流人物，還看今朝。」

這是我在一九四五年九月六日毛蔣「重慶會談」時，我為回應國民黨元老、名詩人柳亞子的遊戲之作。

記：您的口氣好大哦！這「俱往矣！數風流人物，還看今朝」莫非自況！

毛：不敢，不敢！我指的是「人民」、「群眾」。

記：那您為什麼要寫這詞？

毛：柳亞子和我是老朋友，他於一周前到我住的「桂園」來看我，在談詩論政之餘，即席賦詩〈贈毛潤之老友〉。

記：念來聽聽。

毛：闊別羊城十九秋，重逢握手喜渝州。
彌天大勇誠能格，遍地勞民戰尚休；
霖雨蒼生新建國，雲雷青史舊同舟。
中山卡爾雙源合，一笑崑崙頂上頭。

記：我看他對您的期許甚高。認為您是中山思想與馬克思理論的融合者，定能創出一片新天地。

毛：這就是我的「中國特色的社會主義」啊！

記：對了！最後「重慶雙十會談」有沒有談成？

毛：與虎謀皮，當然談不成。

記：一個嘛！漫天要價；一個嘛！就地還錢。當然談不成。

毛：中共軍隊改編為四十八個師，集中於蘇北、皖北及隴海路以北。解放區由中共推薦山西、山東、河北、熱河、察哈爾五省主席以及綏遠、河南、安徽、江蘇、湖北、廣東六省副主席；北平、天津、青島、上海四市副市長；參加東北行政組織。

記：老蔣只給您十二個師，外加二個預備師；要和，就照這個條件和；不然，請你回延安帶兵來打！

毛：蔣介石欺人太甚了！要打仗，誰怕誰啊！你佔點，我佔面，鄉村包圍城市，讓我們再周旋另外一個十年。

記：結果生靈塗炭又四年，最後百萬雄師下江南，蔣介石竄逃海島。

毛：鍾山風雨起蒼黃，百萬雄師過大江，
虎踞龍蟠今勝昔，天翻地覆慨而慷，
宜將剩勇追窮寇，不可沽名學霸王；
天若有情天亦老，人間正道是滄桑。

記：我還是比較喜歡您的詩、詞、文學；不喜歡您的政治鬥爭與軍事纏鬥。

毛：Me too! 只是人在江湖，身不由己罷了！

記：好了！就此打住；有機會我們再談「抗美援朝」吧！

毛：我當然「有話要說」！

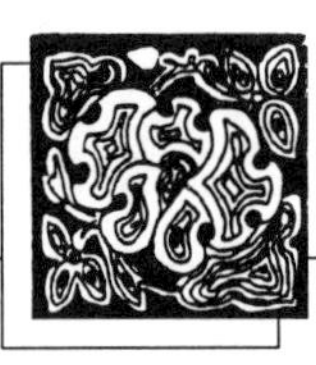

為中國統一．受盡屈辱
～張學良訪問記～

張學良將軍，生於西元一九〇一年六月四日，死於二〇〇一年十月十五日，享壽一百零一歲。他整整活了一個世紀四個月又十九天，成為當今中國最富聲望時譽的海峽風雲人物。

身為「東北王」張大帥張作霖之子的張學良，不但生於鼎食之家，更是含著「金湯匙」出生的人。過了一年，張作霖「以匪剿匪」，打了個大勝仗，為官府收編，任「新民府巡防營」「管帶」（營長），自承託了「貴子」之福，對之寵愛有加。年方九歲，學良奉父母之命，與大他三歲的于鳳至訂婚，十六歲結婚，俗諺：「娶某大姊，坐金交椅」，儘管張學良從一開始就反對這樁包辦式的婚姻，但亦與之和諧相處，分別以「小爺」、「大姐」相稱相敬；然而心靈深處，對女人始終懷有「未遂心願」之憾。

直到卅歲那年，張學良有了「穩定的」婚外情。他與曾任津浦、滬寧、滬杭甬、廣九鐵路局長暨北洋政府交通次長趙慶華的第四個女兒趙綺霞（即一狄小姐），相約到瀋陽北陵同居。基於基督教教規以及他「一人之下，萬人之上」之地位，聲稱：于鳳至是他的原配夫人，趙四小姐是他的「秘書」（對外國人），是他的「侍從小姐」（對國人）兩人相依相偎達六十年之久，始終不渝。

據說他另外還有四個姨太太，十二個「女朋友」，這其中當然包括日後成為蔣介石夫人的宋美齡女士；還有後來成為貝祖貽（名建築師貝聿銘的父親）夫人的蘇州名媛蔣士雲女士；至於其他「有關」的女人，數也數不清。他徹頭徹尾的是個「花花公子」Play Boy。

張氏從小立志學醫，想從事「唯恐傷人」的救人事業，然基於「家學」，為博老人家的歡心，不得不從事「唯恐不傷人」的殺人事業。

當他十九歲，順父意決定從軍時，日本人歡迎他進入日本陸軍大學（不必經過士官學校的養成教育）肄業，並許以特殊待遇的方

便。他的父親聞悉之下，十分寬慰，立即電請當時北洋政府的陸軍部長段芝貴，讓張學良等五人（其他四位是陪公子讀書的人），一齊到北京辦理補考「保定軍官學校」事宜（是時保定已考試完畢，尚未放榜）。考試時連試題帶答案一併讓他們抄，結果五人都被錄取。張父還捨不得讓愛子進京，遠去就讀保定，一不做，二不休，乾脆在瀋陽恢復了停辦多年的「講武堂」。就這樣，張學良成為「東北講武學堂」第一期學生。這個講堂的兼堂長就是張作霖，張的部下熙洽、郭松齡分別任教育長與戰術教官。在學期間，每次考試都得第一（天知道他是怎麼得第一的？），並升任東三省巡閱使第三旅第二團，上校砲兵團長，被稱為「黃嘴枒子團長」；而他的頂頭上司，正是遠房拜把宗叔張作相（輔忱）先生。

二十歲畢業，正式就任上校團長，並代理第三旅旅長，任命他的老師郭松齡為參謀長，不久升任二十七師師長，參加國內各個軍閥角逐之戰。二十四歲張學良就任剛成立的東北空軍司令，有新式飛機一百二十架，分屬於四個大隊。西元一九二六年吳（佩孚）張聯合「討馮之戰」，年方二十六歲的張學良攻下南口，因功晉升為

「良威上將軍」，西元一九二六年國民革命軍北伐，自珠江流域到達長江流域；張作霖統一北方軍政，組織安國軍政府，自任「海陸軍大元帥」，任命張學良為第三方面軍上將軍團長，人稱之為張少帥與張作霖的「張大帥」，相互輝映，堪稱紈袴子弟。

一九二八年六月四日，皇姑屯鐵路爆炸事件，張作霖被害，氏接掌東三省保安總司令，基於國仇家恨，於同年十二月二十九日宣布東三省易幟，改懸青天白日旗，就任東北邊防軍司令長官、東北政務委員會主席，全國宣告「統一」。

張學良在中國現代史上，不祇有民國十八年一月的「統一」之功；其後，更有民國十九年、二十年的「再造」統一之功。

不過，九一八事變，「瀋陽已陷休回顧，更抱佳人舞幾回」，成為「無語問蒼天」！

風雲際會・綠林好漢成將軍

記：張少帥，您好！請接受《黑白歷史》記者的訪談，俾便「還原」

歷史，留點清白在人間。

張：別帥啊帥的啦！要帥也是蟋蟀的「蟀」罷！我是罪人，也是罪人的罪魁。我何德何能接受訪問，心中感到慚愧得很……。

記：說那兒的話，少帥的一生是一部中國現代史的縮影。也是本世紀的見證人，許多被誣衊的「黑白」歷史，需要您來加添色彩。

張：我老了，我眼力不好；我衰了，我已無力舉臂……。

記：您雖老，但耳未聾；眼力不好，但未全瞎；體雖衰、齒牙已落光，但舌頭還能運用自如……。

張：第一次國共合作（民國十三年有李大釗聲言：全體共產黨員以個人資格加入國民黨）凝聚了北伐力量；第二次國共合作（民國廿五年十二月廿四日蔣介石接受聯共抗日條件）促使全國一致對外抗日戰爭勝利。

記：我們當然還寄望於第三次的「國共合作」，登中國於世界第一強國。

張：那麼我們從何說起呢？

記：就從您出生說起罷！

張：一九〇〇年庚子義和團，起而「扶清滅洋」，八國聯軍陷京津，俄共趁機佔我東三省之際，我出生於遼寧省台安縣桑林子。

記：您的老太爺以何營生？

張：我父在西元一八九四年甲午之後，因避禍從軍投毅軍宋慶部下，積功升為哨長，退伍後，以醫馬餬口為生。

記：既然以醫馬為生，自然也買賣馬匹，與馬隊、馬賊脫不了關係。

張：那是當然的！結交了好些江湖朋友、綠林好漢。

記：從此過著安定的日子。

張：庚子之亂，俄軍入侵，官府不能控制地方，社會秩序大亂，盜賊蜂起……。

記：人民處於水深火熱之中，怎麼辦？

張：豪強士紳出而聚集同志，人稱為「保險隊」。

記：無能的政府下，人們只好ＤＩＹ（Do it yourself）了。

張：亦即駐守某地，由某地供餉糧，負責此地之治安。

記：是一種亦官、亦寇、亦盜的行當；而且相互殺伐攻擊，以大吃小。

張：我父少年家貧、中途流浪，最後聚眾為雄。

記：大概有多少人馬？

張：約二、三百人，後來接受新民府知府增韞的收編，成為新民府巡防營的營帶（營長），同夥兄弟張景惠、張作相、湯玉麟也都水漲船高，隨著我父做了巡防營的哨官（連長）。

記：從此安分守己的當一名政府軍官。

張：不意西元一九〇四年「日俄之戰」，以我東北為戰場，蹂躪地方。

記：你們處在日、俄兩大帝國主義的夾縫中，得好自為之，見風轉舵。

張：日俄戰爭結束後，我父收編殘兵游勇，擴充人馬，成為巡防五營的統帶（團長），後來兵力擴展至七個營三千五百個員額。

記：這已是旅長的仗陣了。

張：說的也是，成為奉天前路巡防營統領（旅長），移防至黑龍江省城洮南。

記：說說你母親吧！

張：我外祖趙家是新民府少數富紳之一。

記：他怎麼願意把愛女嫁與馬賊？

張：據說我爸到趙家下了一塊銀大洋，娶了我媽。

記：這簡直是搶親嘛！

張：誰說不是呢？我媽還為他生了一女二子（學良、學銘）。

記：你媽好可憐喔！一生就在「抗拒」與「屈從」交織中過活，才三十歲就過世了。

張：我從小立志當醫生，我弟想讀社會學，結果我被送進「東北講武學堂」；我弟被強令入日本陸軍士官學校。

記：你們兩人也都在抗拒無效下，屈服從軍。

張：父子關係是天生的，無從選擇，又有什麼辦法？

記：聞名中外的「西安事變」，就是這種畏父情節下「抗拒與屈從」的投射作用。

含著金湯匙出生

張：我父對我的期望很大。

記：那是當然的，大片江山有四個日本大，歐洲四強英、法、德、義

加起來也沒有東北大。他自然要您成為事業的繼承者。

張：當普通人家的孩子，正念國民小學時，我沒上學校，我接受特殊的「英才教育」。

記：什麼樣的英才教育？

張：請老師到府，為我個別教學。以漢文為例，在名儒碩彥的調教下，我不僅接受傳統忠、孝、節、義的儒家思想；同時也浸淫在老莊淡泊、達觀、不羈思想的影響。

記：形成您日後多方面的性格。

張：我的英文老師是奉天督軍署英文科長徐名東先生。除此之外，舉凡游泳、乒乓、網球、騎馬、駕車、開飛機；音樂、美術、數學老師，無不應有盡有……。

記：人際關係呢？

張：爸爸的幹部全是我的師友，我還參加YMCA（基督教青年會），我後來的英文老師普拉特 Joseph platt 先生，還是個外國人呢！

記：眾目所視，風光一時。

張：與孫科（孫中山之子）、段宏業（段祺瑞之子）、盧筱嘉（浙督盧永祥之子）合稱為民初四公子。

記：您的婚姻定然是門當戶對之外，勢必相得益章。

張：我年方九歲，我父親就急急忙忙的為我訂下親事。

記：對手為何方神聖？

張：大我三歲的于鳳至小姐，她是梨樹縣商會會長于文斗之女，是個釀酒商人。

記：那跟你家的地位差遠了，根本不配嘛！

張：當我父浪跡江湖時，于文斗照顧過他。父親是個「有恩必報，有仇外加利息」的人。他曾許下心願：一旦得勢，必與于家結親，以為相報相敬。

記：那您沒意見？

張：我當然誓死反對，我當時腦海中充滿了自由戀愛的想法，「父母之命，媒妁之言」多無趣啊！

記：那怎麼辦？

張：我父給我一個折衷的辦法。

記：怎麼說？

張：「你的正室原配，非聽我不可；成親後叫于鳳至跟著你媽（繼室盧夫人）好了，至於你在「外面」有再多的女人，我也不管。」

記：結婚後你們每天吵架，打進打出嗎？

張：那倒不會！我們相敬如賓，她稱呼我「小爺」，我喊他「大姊」，育有一兒一女。

一妻一妾・十二金釵

張：不過，我對女人自始存有一種未遂心願之憾。

記：聽說您有一妻一妾、四姨太……。

張：沒那麼誇張啦！不過，我曾有過十二個女朋友倒是真的，但都不許帶回家。

記：您絕對的遵父命。

張：西元一九二七年我在天津的一個舞會中，認識了趙媞（綺霞）小姐，才十五歲。驚為天人，我立刻展開追求……。

記：她是何許人也？

張：她的爸爸趙慶華在北洋政府時代，先後出任過津浦、滬寧、滬杭甬、廣九等鐵路局局長，也當過交通次長，育有六男四女。

記：立刻娶她回家？

張：不行！夫人永遠是于鳳至小姐。

記：那太委屈了趙四小姐。

張：對外國人稱是「私人秘書」；對中國人說是「侍從小姐」。

記：那您的于夫人不吃醋？

張：她們倆和睦相處，分別以「大姐」與「小妹」相稱呼。

記：世間真有這樣的奇女子；至於您的「女朋友」呢？

張：有的在大陸，有的在美國……。

記：譬如說……。

張：西元一九二五年二次直奉戰爭，東北軍打敗「五省聯軍總司令」孫傳芳後，我到上海見到宋美齡小姐。

記：在什麼情況下認識的？

張：她參與基督教會的工作。那時還是小姑獨處時，我們在一個教會活動中心見了面彼此相識。

記：你們經常見面有約會嗎？

張：廢話！豈只約會而已……。

記：蔣先生他不管？

張：二年後她才認識那個蔣光頭。

記：還有呢？

張：有個蘇州美女蔣士雲小姐，她是我最愛；後來她嫁給名建築師貝聿銘的父親貝祖貽做繼室。

記：為什麼特別記住這兩位美女？

張：要不是宋美齡親自到西安向我求情，我早就把蔣介石斃了。

記：要不是宋美齡為您說項，蔣介石早就把您抽筋剝皮了，你可要記得他是AB型的；李登輝也是AB型的。

張：只要宋美齡活一天，我也能活一天，但卻不能說動老蔣放我；同樣的，只要老蔣活一天，我也就被關一天。

記：您對貝夫人蔣士雲的感情深到何處？

張：西元一九九一年我與趙四小姐定居夏威夷才三個月，我丟下趙四，以九一高齡單飛紐約。

記：去紐約幹嘛！

張：去看一個分別五十五年的女朋友——蔣士雲，她以「紐約華美協進會」的名義，為我的九一大壽暖壽。

記：真的很溫馨吔！

張：你可知道我為什麼不留在台灣？也不回歸大陸，偏偏到夏威夷來？

記：我不知道？也許是要遠離國共兩黨是非之地！

張：你錯了！我這輩子被政治害慘了！我要遠離政治，政治是無情無義的；還是女人可愛，女人有情有義，我到美國就是來看我眾多女朋友的。

記：您完成了平生之願？

張：白天我會朋友，一些想見的朋友也都見到了；晚上士雲陪我打小麻將，一起聽京劇唱片……這幾天的歡愉足以彌補我平生之憾。

記：您有沒有就近去看看年過九十三歲的宋美齡小姐……。

張：沒有，不想給她添麻煩，也不想引起彼此的傷感。

記：情到深處無怨無悔才對！

張：一看到她就想起蔣介石，想起蔣介石就想起「九一八事變」與

「西安事變」，他太孬種，他做錯事老是拿別人「墊背」。

謀求統一・斷然易幟

記：談談東北易幟，全國統一的事兒，好嗎？這在現代史上，是個劃時代之舉。

張：民國十七年六月二日我父發出「出關通電」，六月四日即在皇姑屯被日軍炸死，六月八日國民革命北伐軍不流血地進入北京。七月三日我以二七之齡，接掌東三省保安司令兼奉天省保安司令。

記：大帥一死，新手上任，您如何處理風雨飄搖的東北局面。

張：當時的我，父喪屍骨未寒，政權不穩。真可說是內外交迫、錯綜複雜……。

記：「外」指的是何方？

張：一方是發動皇姑屯事變的日本帝國主義，他們透過各種管道威迫利誘要我做他們的兒皇帝；另外，蔣介石派人前來，要我改懸青天白日旗，以達形式上的統一，其他的事情一概不加聞問。

記：您如何選擇？

張：我與日本有不共載天殺父之仇，我決不做仇人的奴才；我於十二月廿九日毅然決然的宣布東三省易幟，改懸青天白日滿地紅旗。

記：南京政府即刻任命您為東北邊防軍司令長官、東北政務委員會主席。

張：我這一宣布「易幟」，東北軍內部的矛盾立刻浮現出來。

記：什麼樣的矛盾？

張：早先奉軍就有「土」「洋」兩派。

記：何謂土派？

張：土派是奉軍中在國內陸軍大學畢業的軍政要人。他們反對軍閥混戰，主張勵精圖治，發展實業，創造條件以實現祖國統一。

記：以何人為代表？

張：郭松齡和我為代表。

記：何謂洋派？

張：所謂洋派，是指奉軍中在日本士官學校出身的軍政大員。他們對外親日，對內好戰，反對祖國統一。

記：代表人物有那些人？

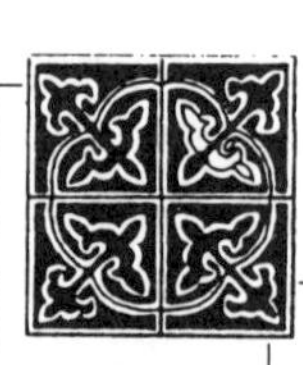

張：以我父、楊宇霆、常蔭槐為代表。總之，郭為親俄派；楊為親日派，兩派均反大帥，欲以我少帥代之。

記：民國十四年十一月二十三日，您的老師郭松齡把他的部隊改名為「東北國民軍」，聯合馮玉祥反奉，要求你父下野，這是兩派鬥爭的公開化。也是郭松齡伏法的前導。

張：等我易幟後，日本人拿我沒辦法，有「以楊伐張」的意圖。楊宇霆甚至公開的對我說：「你走你的中央路線，我走我的日本路線。」

記：是可忍，孰不可忍？所以您把他兩人幹掉了。

張：民國十八年一月十日，在易幟後才二個星期，我以「妨礙統一，阻撓新政」罪名，下令捕殺尾大不掉，圖謀不軌的東三省兵工廠督辦楊宇霆以及黑龍江省主席常蔭槐。

記：政治是殘忍的，先下手為強，有不得不為之勢。

張：我心情複雜到了極點，還為楊、常兩人寫下兩幅輓聯：

「詎同西蜀偏安，總為幼常揮痛淚；凄絕東山霖雨，終憐管叔誤流言。」

記：這是輓楊的：有如孔明斬馬謖，周公征管叔的壯烈。

張：「天地鑒余心，同為流言懸蔡叔；江山還漢室，敢因家事罪淮陰。」

記：這是輓常的；有如諸葛流放蔡叔，漢高祖之痛失韓信一般的悲傷。

東北建軍・勇冠全國

張：自我繼任「東三省保安總司令」三年多的時光（從民國十七年七月至二十年「九一八事變」發生）我全力的整頓東北，推行新政，務使東北成為世外桃源。

記：有那些具體措施？

張：我首先成立東北交通委員會，完成從敦化——吉林——海龍接京奉到葫蘆島的東幹線鐵道；以及從克山——哈爾濱——昂昂漢——洮南——通遼——打虎山接京奉到營口的西幹線鐵道；開葫蘆島港……。形成另一個運輸體系。

記：這樣我們可以把東北的物產直接輸出海外，不受制於南滿鐵路與大連港。

張：四十萬奉軍整編為東北邊防軍三十萬，計有步兵旅二十六；騎兵

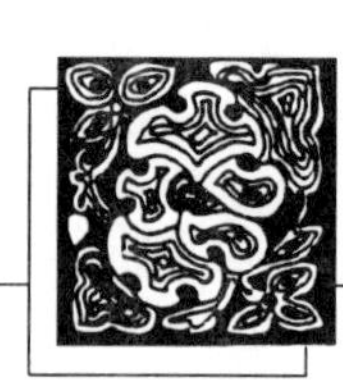

旅五；炮兵旅三；輜重兵、工兵各二旅。空軍有各型飛機三百架，海軍艦隊數十艘；瀋陽兵工廠是德國克虜伯兵工廠以東的最大兵工廠，能生產步槍、迫擊炮、機關槍、及各式子彈，均能自足自給……。

記：當時，您的「軍力」有多盛大？

張：三十萬精兵，數量上僅次於蔣介石四十萬的「中央軍」；質量上，我則步、騎、炮、工、輜、戰車、裝甲車、汽車、通信等配備完整。海軍擁有各式軍艦二十七艘，占全國艦隻的76%強，官兵三三〇〇人，占全國海軍人數的61%……，擁有葫蘆島、青島、哈爾濱等三個海軍基地，成為全國海軍中最有戰鬥力的部隊。

張：組建「東北航空司令部」，下轄五個航空大隊，飛機三百餘架，是當時唯一的一支現代裝備與技術的戰術空軍。

記：由於東北軍有強大的實力做後盾，所以當時您的地位可以說如日中天。

張：由於「易幟」有功，我被吹捧得醺醺然。民國十八年七月七日蔣介石邀我到北平密談，與之結拜金蘭，所受到的重視，大有「天下英雄，唯介石與使君耳！」

記：他看準了你豪邁、急躁、嫉惡如仇、不能容忍的年輕個性，不斷的加以撩播。

張：他也看準了我「徒有求治之心，而乏治理之才」，以及我的「崇父情結」，要我遵照南京政府的議定：從事接收中東路，驅逐俄方人員。

記：您學令尊在北京東交民巷搜捕李大釗的前例，來個搜捕哈爾濱領事館。

張：我自以為東北軍勇冠全國，武器軍備更是一等一，搜捕領事館小case 一個。

記：那曉得您嘴上無毛，做事不牢（才二十九歲），智寡才輕，好高騖遠，闖了大禍。

張：俄方向我抗議無效後，宣布中俄斷交。俄軍於八月間，分頭向我防軍進攻，我立即任命王樹常、胡毓坤為「防俄」第一、第二軍軍長，從東西兩線迎擊俄軍。

記：結果呢？

張：西線兩旅東北軍全軍覆沒，旅長梁忠甲被俘；另一旅長韓光第、團長林郁文陣亡。不得已只好求和，雙方簽訂「伯力協定」的不平等條

約。

記：這時您才猛然醒悟，蔣介石利用您愛國之熱誠，借外力擺您一道，削削您的氣燄。By the way 您知道當時率俄軍進攻的主帥是誰嗎？

張：後來我才知道是曾任國民革命軍政府的最高軍事顧問加侖將軍，難怪我輸得很慘。

記：因為對方「知彼知己」，所以百戰百勝；而您「既不知彼也不知己」，所以百戰百殆。

張：經過這一仗，我才知道花拳繡腿的東北軍，在國內被寵得「媽啦巴子是免票，後腦勺子是護照」橫行無阻；但碰到真打硬仗，卻又各懷私心，指揮混亂，毫無章法，真使我痛心不已。

記：所謂不經一事，不長一智，就是這個的寫照。

調停內戰．再造統一

張：民國十七年十二月東北「易幟」，完成形式上的統一，勢必裁軍復原，以便結束軍事。

記：由四大軍閥——第一集團軍蔣介石；第二集團軍馮玉祥；第三集

團軍閻錫山；第四集團軍李宗仁，召開坐地分贓的「編遣會議」。

記：南北方各二軍閥，本來就是同床異夢之結合，此時分贓不均，利害衝突，立啟戰端，誰怕誰啊！

張：首先是蔣桂（李宗仁）兩個南方軍閥之戰；接著是蔣馮之戰；最後是蔣、馮、閻在中原地區的混戰。

記：是謂「中原大會戰」，各方出兵超過百萬，戰場東起山東、西至襄樊、南達長沙、北到河北，綿延千里，打得昏天黑地，殺得難分難解。怎麼每次軍閥混戰都有蔣介石的分兒？

張：可見他是如假包換的「閥中之閥」（The Lord of Warlords）；最後反蔣各派擁戴閻錫山，在北平分組「國民政府」以與「南京政府」相抗衡。

記：誰勝誰負，端看舉足輕重的東北軍了。

張：各軍閥都派出重要代表，齊集瀋陽，爭取我的認同……。

記：據說手無縛雞之力，連一兵一卒都沒有的汪精衛也派出陳公博、郭奉祺等代表到北戴河謁見您……；最後您為何支持蔣介石？

張：在蔣軍攻下濟南城，基於「西瓜偎大邊」的「自然定律」下，我

率東北第一、第二兩軍十萬人入關，發表通電：「防止內亂，維持和平為今日第一要務。」；同時對閻馮警告要其靜待中央處置。

記：您這「武裝調停」最有效，反蔣各派立即土崩瓦解，結束了曠日持久的中原大戰。這時您已成「一人之下，萬人之上」的當紅炸雞。

張：由於我「再造統一」有功，蔣介石委派我 1. 節制奉、吉、黑、晉、察、綏、熱、冀等北方八省軍隊指揮權，並將北平、天津、青島三市歸東北軍管轄；2. 邀請我到南京，以「黨外人士」名義列席國民黨四中全會，文武官員少將、簡任以上，一律過江至浦口親迎，並施放禮炮十九響；3. 讓宋美齡與于鳳至結拜姐妹。

記：男的拜把子，女的結姊妹；顯示蔣、張一家親，利害與共。

張：把我東北軍主力十餘萬抽調到華北，以鎮壓馮、閻等敗軍之將；後來石友三叛變，我再調六萬兵力平定之。以便蔣在江南完成「剿共」戰鬥，也為第二年的「九一八事變」埋下了伏筆。

建設東北·文武並行

張：我除了調兵入關擁護中央，呼籲和平外，仍然致力於東北的各種建設。

記：關於文教方面嗎？

張：捐出張家私產建東北大學，設文、理、法、工、教育、農業六大學院及體育專修科，學生人數三千，教授三百人……。是當時國內教學設備最完整、教職員生人數最多，營運經費最充足的大學……。

記：據說北大和清華兩大學加起來，也抵不上一個東北大學，是真的嗎？

張：東北大學的年預算是一百六十萬銀元；北大二千人才九〇萬元；清華七〇萬；南開只有四〇萬元；除此之外，我還斥資在東北各地辦同澤中學、同澤女中、同澤小學……東北到處顯出欣欣向榮狀。此時我「武有東北軍，文有東北大。」

記：有關經濟、財政方面，有何作法？

張：我趁三〇年代全球不景氣大恐慌之時，大力開發：採礦、煉鋼、機械、紡織、陶瓷、造紙等工業，並以裁兵殖邊拓展農業；我除了發展經濟之外，又從事於改革金融，促進信用貸款等事項。

記：總之，一個進步、發展、繁榮的東北，正指日可待。

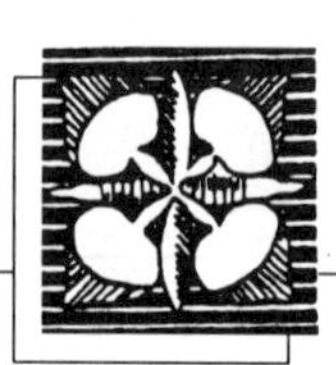

張：理論上應該是這樣的，但老子有言在先：「禍兮福所倚，福兮禍所伏。」這樣長足的進步，不但引來了「紅（俄）白（日）兩大帝國主義」的排擠；亦為國民黨中央所側目。

記：尤其是日本人「看在眼裡，急在心裡」。

張：他們不斷地在東北各地炮製「萬寶山爭水道事件」（七月一日），「中村震太郎失蹤事件」（七月十七日）企圖擴大事態，以造成大舉入侵東三省的輿論藉口。

記：形勢一天比一天緊張，您不會「坐立不安」。

張：那時我正患嚴重的傷寒症，在生命岌岌可危之際，向蔣介石請示方略。

記：蔣怎麼說？仍然堅持「攘外必先安內」的不抵抗政策。

張：他先於七月十一日發電與我：「日本誠狡猾阻險，但現非我國抗日之時，除另電外交部王部長外，希兄督協所部，切勿使民眾發生軌外行動。」

記：這是針對萬寶山事件的！

張：八月十六日在我重病昏沈之際又來一電：「無論日本軍隊此後如

何在東北尋釁，我應予不抵抗，力避衝突。吾兄萬勿逞一朝之憤，置國家民族於不顧。」

記：這是回應七月十七日「中村事件」的「銑」電！

九一八事變・失去白山黑水

張：一九三一年九月十八日夜十時二十分，一群日本少壯軍人（十幾個小排長），在參謀石原莞爾、坂垣征四郎等人的設計下率領了三、四百人，借口「東北軍」炸壞了南滿鐵路，向附近的北大營發動攻擊……。

記：他們有沒有得到關東軍司令本庄繁之令。

張：本庄繁事先並不知道……。

記：這些少壯軍人怎麼如此膽大妄為，擅自作主。

張：緣於是年七月一日，日本軍制改革會議為應付東北形勢的改變，決定：1.駐朝鮮軍隊增加一個師；2.駐滿洲部隊改為永久駐紮，不採輪番瓜代辦法（見吳相湘，《第二次中日戰爭史》頁七七）。

記：於是這些少壯軍人，忘想立功異域轟轟烈烈的幹一番，以圖獲得上級青睞，以達晉升、調任的目的。

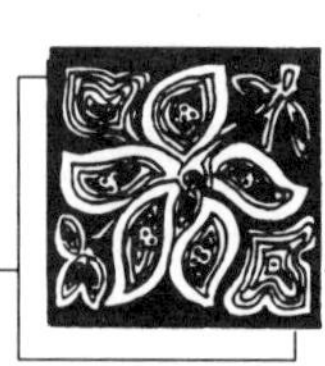

張：對啦！

記：當時北大營有多少守軍。

張：王以哲旅，人數有六千八百人。

記：以六千八百人打三、四百人，應該可以立即加以殲滅才對；當時的團長王鐵漢就有這個自信。可是您卻下令：「力持鎮靜，不准抵抗」，以致瀋陽在一夜之間淪陷；第二天關東軍便占領了長春、營口、安東、撫順等地。

張：我與關東軍有不共載天的「殺父之仇」，我怎麼會下令「不抵抗」呢？那時我已完全聽命於中央，所有軍事、外交等全國「整個的」問題，我們只須速報中央，聽候指示就是了！

記：您的意思是：「不抵抗之令不是您下的，而是最高領袖下的？」

張：這也不便說了，總之，你責備我不抵抗我決不承認。如果你說我心靈深處有「忠君思想」——忠於蔣介石，以及去年「中東路」的陰影揮之不去倒是真的。

記：中東路事件像是「一朝被蛇咬十年怕草繩」樣的恐懼。聽說那天晚上，您還與影星胡蝶在北平擁舞？

張：誰說的？我根本不知胡蝶何許人也，我這一生，與之從未有一面之緣。

記：不然，廣西大學校長馬君武為什麼有〈哀瀋陽〉之詩二首：

趙四風流朱五狂，翩翩蝴蝶最當行；溫柔鄉是英雄冢，那管東師入瀋陽。

告急軍營夜半來，開場絃管又相催；瀋陽已陷休回顧，更抱佳人舞幾回。

張：冤枉啊，冤枉！無聊文人，壞我名節至此！我當天晚上正陪英國大使欣賞梅（蘭芳）劇《宇宙鋒》，接獲瀋陽報告後，轉而指示部下不要抵抗。

記：事實上您已下達「不抵抗」命令。

張：因為當時我人在北平，瀋陽的事情，我完全不瞭解，需要觀察情勢。

記：可是日本方面卻不這麼想，三、四百人在一夜之間占了瀋陽兵工廠的大量軍火，東塔機場的飛機，大帥府中的萬貫家財……加上整個瀋陽

城……雖是「闖禍」，卻是立功異域的偉大戰績，進而要功於本庄繁司令。本莊繁也只好順應下情，將錯就錯的下達動員令給關東軍。於是在三個月中，相等於日本四倍的領土，全部淪陷。

張：我背負了殺父之仇；奪地之恨；不抵抗之恥。使我永不翻身。

記：伏下了日後西安事變的危機。

張：講起「西安事變」我正是無語問蒼天。

記：欲哭無淚！

張：為了顧全「心愛的女朋友」的丈夫的偉大面子，我打落牙齒和血吞。

記：改明兒您有空再哭吧！

黑白歷史
政治編

新舊相爭．母子相爭
旗漢相爭．英俄相爭
～慈禧訪問記～

在二千餘年的中國帝王史中，呂后、武曌、慈禧是三位女性的掌權者。她們三人在中國歷史上形成「三足鼎立」、女主專政的局面。所不同的是：一個處於封建社會后妃制度剛建立不久的漢朝；一個生於封建制度鼎盛時期的唐代；慈禧則是躬逢封建專制衰亡的滿清末葉。

從她們三人的行為與作風，大膽的挑戰了「女子無才便是德」虛弱的「神主牌」，進一步的證明：凡男性能辦到的事情，女性一樣可以辦到。

她們從奢靡、幽暗、陰森、黑幕重重的宮闈底層，歷經「爭寵

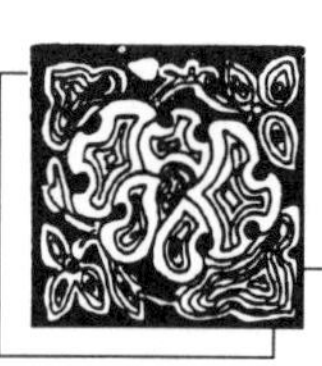

奪愛」的醋海妒波中，脫穎而出。她們之中，有的衝破了傳統附庸者的角色，左右王朝大政；有的取而代之，自立為帝；有的垂簾聽政，成為整個皇朝的代言人。呼風喚雨，自有其一套興風作浪的能耐。

慈禧一手運作滿清王朝，達半個世紀之久。論權柄、講氣勢，絕不在康、雍、乾三盛世之下；歷辛酉政變、洪楊之亂、英法之役、甲午之戰、日俄戰爭、戊戌政變到八國聯軍之役，一聯串的變亂與禍患。手無縛雞之力的小寡婦，若無幕後「推手」，安有如此能耐？

今天，記者特走訪這位「一代女主」，在面臨「數千年未有之變局」，遭逢「數千年未有之內亂外患」，一談同治中興、自強維新之局。

後宮秀女、系出名門

記：太后吉祥！太后萬福！

蘭：少來了！你們男人表面一套、內裡又是一套。口頭上喊的親切，骨子裡還不是把王朝的覆滅往我這個老太婆身上一推，讓我跳到黃河都洗不清，這算那門子的男子漢？

記：說的也是，每讀清史，總為您抱不平；所以才千辛萬苦的找到您，讓您有機會向媒體一吐胸中塊壘。

蘭：一部「中國后妃血淚史」，從何說起呢？

記：您就先自我介紹一下罷！

蘭：我姓葉赫那拉，小名蘭兒，生於道光十五年十月初十（西元一八三五年十一月二十九日），隸屬滿洲鑲黃旗人。

記：您是射手座？

蘭：我不懂！

記：射手座的人有幽默感，有決斷力與意志力；精力充沛，好爭論，脾氣急躁，對權位有野心，是天生的政治人物。

蘭：是否感情上時而熱情似火，時而漠不關心？

記：難怪您高興的時候，摟著光緒小皇帝喊兒子、叫心肝，要他叫你「親爸爸」，按自己的胃口賞下大量食物，把個小皇帝撐個半死，眼珠子

都快突出來了。

蘭：不開心的時候呢？

記：小皇帝去請安時，也裝著看不見，罰他冬天在涼地上長跪。

蘭：誰叫他蹦到我「周期性」的不高興嘛！

記：您還點〈天雷報〉的戲碼，逼著光緒一起看，而你在旁欣賞著小皇帝的恐懼與尷尬，這又何苦呢！

蘭：教孝、教忠有何不可？

記：皇帝自有師傅，何勞大駕；好了！我們不談這些。還是從您入宮說起。聽說您因貌美善歌而得幸，言下之意也是出身卑微，才被賣到宮裡。

蘭：你錯了！這是想當然耳的錯誤。

記：怎麼說？

蘭：我乃滿洲貴族八旗——鑲黃旗之後。我父惠徵將軍，曾任安徽蕪湖道台；我外祖父惠顯將軍，歷任安徽按察使、駐藏大臣，工部左侍郎，兼京營右翼總兵，最後調任山西歸化城副都統，身居二品封疆大吏。

記：失敬，失敬！原來您是大清貴族後裔。

蘭：這段往事說來話長……我原名王小慊，父王坤晶，母李氏，乃潞州長治西坡村人。

記：It seems a long story.

蘭：因家貧無以為生；年方四歲時賣與五、六里外的上秦村宋家，改名為宋齡娥。

記：曲折的一生，轟烈一世。

蘭：惠徵將軍曾在潞州做過知府（道光十三年至二十六年間），從宋家買了個女兒做夫人的丫環。

記：進而被惠徵夫婦收為養女成為知府千金？

蘭：我改名為玉蘭。

記：所以才得以「秀女」身分入宮，備妃嬪之選。

蘭：正式的記載中，惠徵成了我的親生父親。

記：什麼樣的人，才可當秀女。

蘭：必須是八旗駐防及外任旗員之女子，或近支宗室女，年滿十四歲方可。

記：那純粹是為了維持皇族血統純正的制度。

蘭：我家祖上三代為官，我又身為長女，自小就有參加「秀女」閱選的準備。我於咸豐二年參加秀女甄選；中榜，被封為蘭貴人，進宮當差。

記：即使這樣，要想在眾多嬪妃中脫穎而出，亦屬不易；您是如何與皇上有了「第一類」的接觸。

蘭：我知道，我並非那種美得冒泡的美少女，絕不可能在皇上初次閱見時就留下深刻印象。

鳳陽小調・夤緣際會

記：那您只好以「才藝」取勝了。

蘭：我一進宮就被派到圓明園「桐蔭深處」當班；我知道皇帝三不五時會與嬪妃們來園中遊玩嬉戲。

記：帝妃們即使經過「桐蔭深處」，您也不見得「抓得住他」；何況您又沒有柯尼卡 **Konica** 相機。

蘭：我用美妙的歌聲抓住他。

記：皇帝見多識廣，才不稀罕人家唱歌呢！

蘭：我唱的是徽州小調，婉約清妙，絕對是皇宮中從來沒聽過的。

記：對呵！您小時候，生長在「鳳陽花鼓」的發祥地。

蘭：有次，我那繚繞於樹蔭間的美妙歌聲，終於勾魂攝魄似的抓住了皇上。

記：可是一大堆伴隨的嬪妃簇擁左右，他除了駐足聆聽外，也不能有所表示啊！

蘭：第二天咸豐帝特意帶了兩名貼身小太監，來到「桐蔭深處」的景點。

記：這下您逮到機會——千載難逢的機會，做了一次「獨唱演奏會」。

蘭：於是皇上快步走到桐蔭深處的臨時御座——只是一張供人歇息的石桌、石凳，然後擺譜兒似的坐好，喝問：「唱歌的是什麼人？」

記：於是派人去尋尋、覓覓……在那桐蔭深處找到了蘭兒。

蘭：太監立刻迫不及待的回話：那是宮女蘭兒。

記：為什麼太監要迫不及待？

蘭：是我事先給貼身太監送了紅包的。

記：就這樣，您終於在寂靜淒涼的深宮中，見到了聖上。

蘭：咸豐帝令我就近坐下，再唱一遍方才的曲子，我使出渾身解數；他也沈醉在我迷人的歌聲中，流連忘返……。

記：那兩個小太監呢？

蘭：早就知趣的離開了！

記：這也是您事先用紅包安排好了的！

蘭：當然了，不然夾了二塊「三明治」在旁，如何與皇上進行「第一類的接觸」。

記：接著，是他摸摸您那「好冷的白嫩小手」，接過您奉上的茶碗，免不了問長問短，耳鬢斯磨一番。

蘭：他當天就帶我進宮。

記：這簡直是閃電戰術嘛！這怎麼可能呢？

蘭：別忘了，我是八旗子弟所選出的秀女，自是不同凡響。

記：雖說如此，但要在眾多嬪妃中獨占鰲頭，還是如大海撈針般的難。

蘭：由於我聰慧機警，處處謹慎，入宮不到二年，便奉旨親自圈定晉封為「懿嬪」。

記：「懿」是什麼意思？

蘭：就是司馬懿的懿。意即美好的德性，外加「慈禧」封號，隱含嘉勉，鼓勵更上層樓之意。

記：後來您如何更上層樓？

蘭：咸豐朝正逢國家多事之秋，聖上心懷抑鬱，日以聲色自娛，光在圓明園中，就有所謂杏花、武陵、牡丹、海棠的「四春之寵」。

記：啊！皇上在宮外有「四春之寵」，那在宮內的「六宮紛黛」豈不有過之而無不及。

蘭：咸豐五年，皇上春秋已屆二十六，竟然未有皇子，只麗妃生有一女。

記：像這樣「揮霍」過度，既不懂得「開源」，又不會「節流」，如何能生出皇子。

蘭：所以我每天給他內補「生喝鹿血」，以資開源；當然也嚴格的外管「節流管制」。

記：有效嗎？

母以子貴·扶搖直上

蘭：當然有效！我終於在咸豐六年三月二十三日在儲秀宮產下小皇子——唯一的皇子載淳——也就是後日的同治皇帝。

記：您因此「母以子貴」。

蘭：那是理所當然的事。我立刻從「懿嬪」晉升為「懿妃」，第二年正月再進而為「懿貴妃」。

記：此時，您雖因肚皮爭氣，生了皇子，晉身為貴妃；但面對皇上、皇后以及一大票的親信大臣如怡親王載垣、鄭親王端華、侍衛內大臣肅順等……，一個年方二十六歲的妃子，能有多大的迴旋空間？

蘭：咸豐十年（西元一八六〇年），英法第二次聯軍，進犯北京，皇帝命恭親王奕訢留守北京，與英法周旋議和。自己帶著后、妃、皇子、及內閣一干人北奔熱河，逃難去也。

記：這時候的朝廷內閣，已一分為二：一是以留守北京恭親王奕訢為首的「非常內閣」；一是以承德肅順為主的「臨時內閣」。

蘭：咸豐十一年七月，皇帝在「旦旦伐之」與「日日憂鬱」雙重壓力下，以三十一歲之壯齡，病歿於熱河行宮。

記：這下您的機會來了？

蘭：天下那有這麼便宜的午餐？咸豐帝臨終在病榻前召載垣、端華、肅順與軍機大臣景濤、穆蔭、匡源、杜翰、焦祐瀛等八人為贊襄政務大臣，共同輔立皇子載淳為太子。

記：您是新皇帝的生母，自有一番風光。

蘭：八位顧命大臣接著擁立六歲的太子登基，改元祺祥，是為清穆宗（即同治皇帝）。大臣等又共上尊號給生母我那拉氏為慈禧太后（簡稱西太后），原皇后鈕祜祿氏為慈安太后（簡稱東太后）。

記：換句話說，八大臣把您架空，您只有到慈寧宮去喝西北風的分兒。

蘭：我不甘願，我要鬥爭，我要權勢！

記：一個婦道人家，萬般無奈，如何著手？

蘭：先帝的六弟奕訢被留在北京，與英法聯軍交涉和談，可說受苦受難，而肅順、載垣、端華諸人在承德攬權用事、吃香喝辣的。基本上形成兩個政治中心，其間自是免不了明爭暗鬥的。

辛酉政變・兩宮垂簾

記：您就利用這個矛盾，進行「統戰」。

蘭：何謂統戰？

記：即聯合次要敵人打擊主要敵人，然後回頭再分化次要敵人。

蘭：北京條約簽訂、英法聯軍撤兵，北京方面奕訢屢請太后皇帝回鑾。

記：而肅順等人正好緊抓「一孤兒兩寡婦」的小朝廷不放。

蘭：後來我叫御史董元醇以皇帝年幼，疏請兩宮皇太后垂簾聽政。

記：肅順點頭答應了？

蘭：他當然不答應，於是我派貼身太監安得海身懷懿旨到北京密令恭親王到承德府奔喪……。

記：安得海是太監，照王室「家法」規定禁止出宮。怎麼出得去？怎能掩人耳目？萬一被搜查到，豈不偷雞不著蝕把米。

蘭：我叫安得海公然地去調戲慈安太后的貼身宮女，事發之後叫總管太監狠狠地打他一頓，然後將之開缺，送交北京內務府，「重新發配」工作。

記：「周瑜打黃蓋嘛，一個願打，一個原挨！」高桿，高桿！

蘭：等恭親王到承德後，在靈櫬回京途中，把他們八大臣，分別斬首的斬首，賜死的賜死，革職的革職，充軍的充軍，兩三下就清潔溜溜了。

記：這樁「宮廷政變」發生在辛酉年，可以說是個「辛酉政變」。

蘭：從此，打破了「滿清家法」，形成「兩宮垂簾」之局，改「祥祺」年號為「同治」，亦即兩宮同治之意。

記：「兩宮同治」第一目標達到了；但是東太后慈安地位在您之上，凡事又跟您的兒子自作主張，如何受得了？

蘭：說的也是！尤其在同治選后擇婚的爭執上。我主張選尚書鳳秀之女富察氏為后；慈安喜歡尚書崇綺之女阿古特氏……。

擇婚選后·勃谿時起

記：那就由十八歲的小皇帝決定好了。

蘭：他竟然跟東太后一樣喜歡阿古特，這真是「是可忍，孰不可忍」的事兒！

記：最後這件選后事件如何擺平？

蘭：由皇上選崇綺之女為后，冊封崇綺的兩個妹妹為瑜妃、珣妃。

記：再選鳳秀之女富察氏為慧妃。

蘭：一妻三妾，稍示平衡。

記：親生兒子，竟然心向別娘——尤其不可忍。

蘭：我決定向東宮開刀；不過，我深懂得佛家「捨得」之禪意。

記：何謂「捨得」？

蘭：意即要獲「得」之先，必先「捨」去一些。

記：噢！我懂了。與諸葛亮七擒孟獲「欲擒故縱」有著異曲同工之效。

蘭：我知道慈安地位在我之上，對我頗有戒心，對我若即若離，加上她身懷先帝硃筆遺詔：「如慈禧恃子為帝，驕橫不法，卿即可按祖宗家法治之。」

記：雖然您的兒子當皇帝，也拿她沒辦法！

蘭：有次慈安生病，久久不能痊癒，我忍痛在胳膊上割了一片肉，放在藥裡煎了送給慈安喝。

記：事後再讓慈安知道這回事，可使她感動得五體投地。

蘭：她當著我的面，把硃筆遺詔投入火盆中……。

記：從此，您再也不用顧忌東宮太后；凡事即可獨斷獨行。

蘭：不過我的兒子皇帝可不這麼聽話！

記：您們「兩宮垂簾」，他只是個傀儡皇帝而已。

蘭：公事上是這樣的，可是私事上他可不甩我！

記：哪些私事？

蘭：譬如說：皇帝喜歡皇后，常住皇后宮中，對於我看中的慧妃，卻不屑一顧。

記：於是您就橫加干涉了。

蘭：我常告誡同治說：「鳳秀之女屈為慧妃，須要加以照護，皇后年少不懂宮中禮節，還須學習，你不得常住皇后宮中」；並派宦官監視著皇帝，不許和皇后接近。

記：您這樣每天「碎碎念」煩不煩啊！

蘭：結果皇帝「賭蘭」到了，放著宮裡的一妻三妾，既不幸慧妃，也不入皇后宮中，獨自住在乾清宮中，悒悒寡歡。

記：自有不肖太監引誘皇帝出外微行，流連歌榭舞台，燈紅酒綠的好不熱鬧。

蘭：一個應考舉人王慶祺在外巴結皇帝，看到漂亮女人就介紹給皇帝。

帝得梅毒，一命嗚呼

記：據史書記載皇帝得了「楊梅瘡」。是AIDS還是國際梅毒？

蘭：十二位太醫聯合會診的結果，誰也不敢面對現實，只說皇帝出天花……。

記：天花是小顆的，不數天會結痂的；楊梅瘡是大顆粒的，而且會愈爛愈大，爛到最後塌鼻凹頰的。他們真是一群庸醫！

蘭：他們怎麼會不知道？只是為了皇家面子，錯把梅毒當天花罷了。

記：您也不管？

蘭：誰叫他不聽我的話，而且那時候「六〇六」也還沒有發明，梅毒還是不治之症。

記：那您做何打算？同治是您懷胎十月的親生兒子吔！

蘭：他雖是我親生兒子，但他不是我從小親自調教，而且他已十八歲，並非我所能操控的，於是我想到我的另一個兒子……。

記：什麼？你還有另外一個兒子？他是誰？

蘭：同治是我和文宗咸豐所懷的兒子，生得心不甘情不願！

記：為何有此一說？

蘭：有清一朝除皇后外，凡進御承恩的嬪妃，均須一絲不掛地，外罩以一寬大布袋，由太監肩扛至天子寢宮，然後再鑽出布袋，一承皇恩雨露。

記：有如牽母豬去交配的動作，以防妃子弒殺皇上。

蘭：心有不甘，自為戾氣所鍾。至於載湉光緒則是我和榮祿所生。

記：榮祿？怎這麼可能？

蘭：他是我青梅竹馬幼時玩伴，曾訂過親，後來因為我被選，入宮為秀女，才罷婚約的。

記：榮祿原來是您的老相好！難怪啊！

蘭：難怪什麼？

記：您以一個愛漂亮、喜奉承的婦道人家，一生秉承享樂主義，又有

貪財聚斂之嗜好。

蘭：這是一般婦人家的通病，施之於行政，為極大的「致命傷」，所以自古以來難成大器。

記：而您在咸豐帝死時，年方二十八歲，就能發動辛酉「宮廷政變」，置八位顧命大臣肅順等人於死地。

榮祿推手・政變成功

蘭：那時榮祿是我的隨扈侍衛。

記：因而政變成功，完成了兩宮垂簾聽政，是為「同治」。

蘭：榮祿蒙恩升任內務府大臣，總管大內。

記：等到同治皇帝得梅毒暴斃後，由於同治無子，本應立子姪輩。

蘭：這下我變成「太皇太后」了，再也不能垂簾聽政，掌握天下大權。

記：所以您獨排眾議，堅持立妹婿醇親王四歲的兒子載湉——其實是您與榮祿的親生兒子；只不過從小寄養在妹婿家，是為光緒帝。由於光緒帝與同治帝為兄弟輩，視同繼承咸豐帝，東西兩宮仍然可以以母后之尊再度垂簾。

蘭：不然我就退居第二線到「慈寧宮」去養老了。

記：處心積慮的安排，權術謀略之運用，比之「一代女皇」武則天，毫不遜色。

蘭：我把這個社稷重責大任，一手交給「內務府總管兼步軍統領」榮祿完成之。

記：這內務府總管有多大權力？

蘭：宮廷內外得自由出入，宮中有事，無役不參。

記：光緒六年，您又為什麼把他逐出宮外——是過河拆橋，還是怕他大嘴巴洩你倆的「私」底。

蘭：這個吃不得飽飯的老色鬼，竟然在某一妃房中，金屋藏嬌起來了。

記：濁亂宮禁，罪不可赦！將之驅逐出京，革去官職，永不錄用。

蘭：喜新厭舊，是可忍，孰不可忍也。

記：可是他後來為什麼又回到宮中？

蘭：不久他混上了個西安都統。

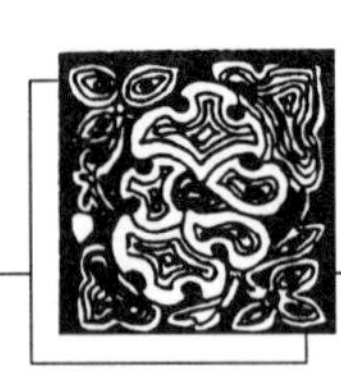

記：還不是您老佛爺的恩典——舊情難忘嘛！

蘭：甲午那年，正逢我六十「聖母萬壽紀念」。

記：據說光緒帝為了討您這個「親爸爸」的歡心，還把海軍軍費挪用，建頤和園為太后壽。

蘭：你都不曉得要多窩心就有多窩心。

記：甲午之戰因而一敗塗地，陷國家社稷於萬劫不復。

蘭：是時各內外大員，捐俸銀二五成，為我作壽，我那老相好除了捐俸銀二五成外，更奉獻了無數的金銀珍寶……。

記：您一樂就宣他進宮再任「步軍總領」——相當於現今陸軍總司令。

蘭：光緒二十四年六月十一日頒布「定國是詔」……。

記：您那愛之深、責之切的兒皇帝企圖變法圖強。

榮祿牽手・三度親政

蘭：六月十五日我派大學士榮祿署理直隸總督兼北洋大臣，節制北洋三軍。

記：是哪三軍？

蘭：董福祥之甘軍駐天津，聶士成之武毅軍駐北京郊外的長辛店，袁世凱之定武軍（後改名為新建陸軍駐小站），在大沽口附近。

記：據說光緒帝企圖利用袁世凱近水樓台之便，趁十月「天津閱兵」欲「廢君之幼」之時，捉殺榮祿，然後進京包圍頤和園，軟禁太后，一舉消滅舊黨。

蘭：兒皇帝以及他的心腹所形成的康梁黨（新黨），他們不知天高地厚，以為許以直隸總督可以買通袁世凱發動政變。

記：那曉得袁世凱是個滑頭人，在掂掂分量之後，發現這幾個「童子軍」不成氣候，在「西瓜偎大邊」的常情下，反向榮祿告密，出賣了新黨。

蘭：於是我在九月二十一日（陰曆八月初六）宣布第三度臨朝聽政。

記：這就是聞名中外的「戊戌政變」，楊銳、劉光第、林旭、譚嗣同等四京卿外加楊深秀、康廣仁被捕殺；康梁分別跑香港、日本尋求帝國主義庇護。

蘭：哼！兒皇帝以為他的羽翼已豐，完全沒把我看在眼裡。我！老懵

老，潛力還是無限的。

記：對！您是永遠的太后，永不退休的「舊黨」黨主席，永遠掌權的地下「總統」。

蘭：我從咸豐十年（西元一八六一年）二十八歲發動「辛酉政變」撲殺八大攝政王，到光緒三十四年（西元一九〇八年）七十三歲逝世為止。其間掌握了大清帝國四十五年之久，絕不是一盞省油的燈。

記：一個婦道人家怎麼有這麼大的能耐？

蘭：我身邊有了強有力的「推手」——榮祿。

記：他也是您的「牽手」！

為封建而爭·為名教而戰
～曾國藩訪問記～

曾、左、李、胡，號稱晚清四大「中興名臣」，要是沒有這四個人，滿清皇朝不復有六十年苟延殘喘的「末葉」，中國很可能成為一個基督王朝。

在這一場中國史無前例的宗教戰爭中——基督教與儒教之戰。曾國藩無疑的是個決定性人物。他才大而謙，氣宏而凝。他在品德上日日反躬自省，時時進德修業；他在功業上保鄉衛國，平定太平天國之亂；他在立言上著作等身，尤其他的家書、家訓、日記，其言行足為萬世法，堪稱「三不朽」人物。

不過，有人對他治軍太嚴、殺戮過重；幫滿清異族剿滅漢人的民族革命運動；平定太平軍之後，未能「取而代之」；天津教案之委曲求全——「和稀泥」多所遺憾。

現在，讓「兩江（江蘇、江西、安徽）總督一等毅勇侯」曾國藩，現身說法。

耕讀傳家・詩書為業

記：文正公，文正公！請稍待一會兒，能否接受《黑白歷史》記者的專訪。

曾：我這人「生於無可奈何之時，處於無以復加之地」，一路走來盡在矛盾之中，又有什麼好訪問的？

記：您以一介文士練湘勇，平太平天國之亂，救大清帝國之亡，歷史無出其右者。

曾：但自民族革命風潮湧入國中，我卻被罵到臭頭了，連孫中山都對我不諒解。

記：您在政治上的功過，隨著時代的演進，見仁見智，各抒己見；但您的勤儉克己，知人善任的美德，以及腳踏實地的個性，卻是值得我們學習的。

曾：我從那裡說起呢！

記：您先自我介紹吧。

曾：我家世代務農，二百多年來從未有人讀書考取功名。

記：是否意味著，曾家具有強烈的民族思想，拒絕在滿清科考下討生活。

曾：那也不見得，中國士大夫階級向來強調「耕讀傳家」。

記：如何個耕讀傳家？

曾：隨著天候季節「晴耕雨讀，春耕冬讀」，再自然不過了。

記：這跟四川人不同，四川人則是晴天耕作，陰雨天閒著也是閒著，打打鞋（孩）子，消磨時光。

曾：這耕讀傳家也有好處：「耕則退可以自守，讀則進可以干祿。」

記：當然這還得看經濟狀況，必須「家有閒錢，戶有餘人。」才能專心讀書求功名。

曾：直到我父親竹亭公（名麟書）才發奮讀書……

記：一舉成名天下知？

曾：連考十餘次，連個秀才也沒考取。我父在灰心之餘，便在家塾

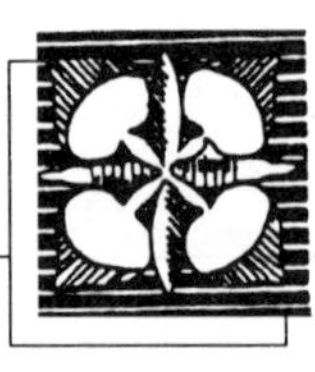

「利見齋」，邊讀邊課子七、八年之久。

記：父子伴讀一同求功名，傳為佳話。

曾：道光十二年（西元一八三二年）我父經十七次的科考，終於在四十三歲那年考中秀才，而我卻未考上。

記：您是孝子，當然要承讓一些，避避老人家的鋒頭。

曾：第二年我二十二歲，不負我父期望，考中秀才。

記：您也是歷時九載，應考七次才考上的。

曾：我父自知功名無望，從此把全部希望寄託在我身上；我只好咬牙立志，堅持奮鬥，與科考奮戰到底。

記：有這麼嚴重嗎？

改名更號・一帆風順

曾：為此，我改號為「滌生」。

記：什麼意思？

曾：「滌」者，滌其塵污也；「生」者，從前種種，譬如昨日死；今後種種，譬如今日生……，我要發奮！

記：有效嗎？

曾：改名連帶改運！二年後我考中舉人，六年後我二十八歲考中進士。

記：難怪現在很多人時興改名，一改再改、改三次，有人還改回頭來。對了！您在兄弟間排行第幾？怎麼有人叫您九帥，曾老九的？

曾：我排行老大，下有四弟：國潢、國華、國荃、國葆；另有四姊妹；不過從伯叔兄弟算，我的確排行第九。

記：這改名對您真的有用嗎？

曾：道光十八年戊戌科會試，我中第三十八名貢士；接著正大光明殿覆試一等，殿試三甲第四十二名賜同進士出身；朝考時，擬一等第三名，宣宗拔置第二名，改翰林院庶吉士……。

記：真可用「青雲直上」來形容您的境遇！

曾：我本名子城，乾脆一不做二不休，更名為國藩。

記：趕明兒我也去改個名，看看衰運會不會離我遠去；如「水扁兄」在美日兩大帝國主義中，發揮水之柔功，「扁」以求生，一帆風順。

曾：五行中，首生水。水以柔弱為質，無色，無味，無臭，無定無

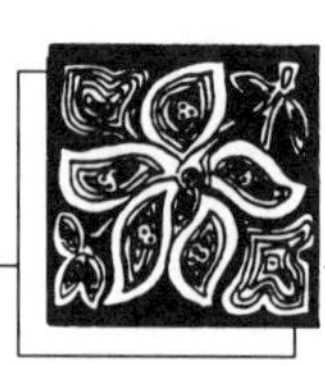

形，暗藏天下之至剛。

記：乾脆我改名為水昆好了！

曾：何以故？

記：水昆者混也，每天在國際間混水摸魚，混到印尼，觸礁！。

曾：改得好不如改得巧！否則也是徒勞無功的。

記：怎麼說？

曾：時當道光十八年（西元一八三八年），鴉片禁煙內亂外患之夕，皇帝見到我那「邦之干城，國之藩籬」，焉有不破格提取之理；否則就算你改了廷長、廷扁、廷方（堃）、廷圓（元）也嘸三小路用。

記：難怪在民國三十八年之際，王多年，王昇，黎玉璽……紛紛浮上檯面，吃乾抹盡，得意非凡。

曾：一定有人幹了總統不夠爽，還想稱孤道寡，進一步想當秦始皇第二。

記：說的不錯！

十年京官・讀書名理

記：您中了進士後，是否立刻分發任縣太爺，榮耀歸故鄉。

曾：我被留在翰林院中先任庶吉士，再任檢討……。

記：您幹嗎不要求下放正七品，集行政、立法、司法於一體，「肥灼灼」的縣太爺不幹；而去幹從七品炭薪不繼的翰苑清官？

曾：這您就有所不知了！按前清慣例：考中「朝考」的進士才能被選入翰林，以為不時之需；至於普通進士，只能幹幹縣長，貪贓枉法一番而已。

記：您在翰林院一共待了多久？

曾：前後十四年從翰林院侍講，到內閣學士兼禮部右侍郎。

記：清粥菽水的要到那一天才能出頭？

曾：日常只是讀書、寫字、靜坐、養生為日課；道光二十三年出差到四川任鄉試主考官（考正），得一千兩銀子為外快。

記：別無機緣？

曾：做京官的唯一希望，便是外放，或為學政（省教育廳長）或為督

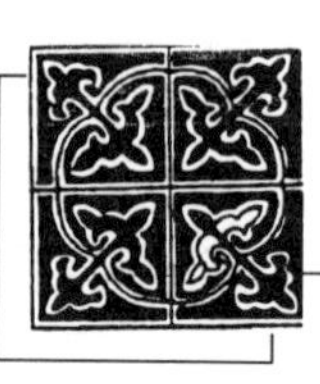

撫（總督、巡撫）。

記：這就是「小官由熬」一語的由來了。

曾：咸豐二年（西元一八五二年）我又有一個機會被任命為江西鄉試正考官……。

記：您了不得又可得個千兒八百兩銀子的「學俸」，做為外快了事。

曾：想在江西主考完畢後，循著贛江、瀏陽、湘水順道回鄉，一圓省親之夢。我已經有十四年沒回家了。

記：能夠光榮歸故鄉，其風光自不在話下……。

曾：那曉得當我七月二十五日，路經安徽省太和縣時，接到母親逝世的消息。

記：這下江西學正也做不成了。

曾：按規定回家丁憂三年。

記：為走更遠的路，暫時休息一下也好！

曾：太平天國自道光三十年（西元一八五〇年）從廣西省桂平縣金田村起事，不久破永安、下桂林，圍長沙、攻岳州，破漢陽、下漢口、圍武昌……。

記：兩湖三湘為之震動。

曾：我趁丁憂在家之便，指導同鄉羅澤南、李續賓、劉蓉等在湘鄉組織團練，加以訓練，以保衛地方。

記：這也是一時權宜之計，蓋保民衛鄉匹夫有責，古有明訓。

湖南團練・自此崛起

曾：那曉得北京竟然來了個「上諭」，要我就地協辦本省（湖南）團練，成為湘勇。

記：原本是個縣級（湘鄉縣）的地主武裝團體，其餉糈出於地主的捐集；現在一躍而為省級（湖南省）的地主武裝團體；進而後來成為跨省際全國性的地主武裝團體。設關立卡，抽取釐金，以漢殺漢，此亦時勢造英雄之際遇也。比之「髮匪」濫殺無辜，有過之而無不及。

曾：有時候人在江湖，亦是身不由己的。我於咸豐四年（西元一八五四年）四月，率湘軍水陸兩軍各十營，船艦四百餘艘，火炮四百餘門，官兵一萬七千餘人，自岳州出發北上救湖北。

記：您這「湘勇營」原本是地方團練，在湖南省境內作戰還有理由，

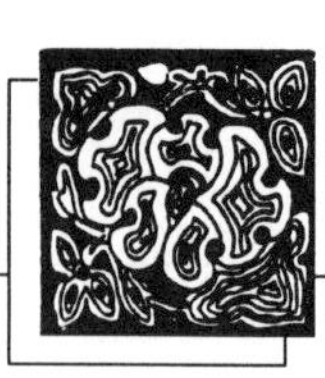

這下要到湖北省、江西省，進而到安徽省、江蘇省作戰，未免撈過界了，予人以口實。

曾：我以「衛道」「衛民」為口號，為名教而戰！

記：您以一個漢人的立場，幫異族滿人去剿滅漢人所發起的民族戰爭，怎麼說也名不正，言不順的。

曾：我痛斥太平軍破壞中國傳統倫理秩序，以名教觀念打動知識分子：「粵匪竊外夷之緒，崇天主之教，……舉中國數千年禮義人倫詩書典則，一旦掃地蕩盡……乃開闢以來名教之奇變，我孔子孟子之所痛哭於九原……。」

記：你不論君臣大義，但言孔孟痛哭，自有其「難言」之隱；其實，這不只是一場滿漢之間的民族戰爭。您幫滿人打贏了正統漢人（洪秀全是客家人）；這也是一場在中國曠古未有的宗教戰爭！

曾：何以說？

記：您以傳統的「儒教」擊敗了外來的基督教，這也是一場階級鬥爭之戰！

曾：你越說越離題了！

記：是資產階級（地主加上小資產階級知識分子）與農工階級起義之戰。

曾：怎麼會這樣子呢？

記：您率領了一批進士、舉人與秀才，為了維護階級既得利益，在地主階級資助下擊敗了農民與燒炭黨的革命運動！

曾：要是我被打敗了呢？

記：政權轉移，農民勢必當家做主！

曾：可憐的農民，不管是誰當家做主，農民永遠是革命的先鋒隊，殺進殺出的永無寧日。

記：在這場資產階級戰爭固然這樣，後來的舊民主主義（辛亥革命），乃至新民主主義（共產革命）也莫不如此。

克復天京．弭平大亂

曾：我自咸豐三年（西元一八五三年）出湘省征伐太平天國軍，至同治三年（西元一八六四年）曾國荃破天京南京，前後計十二年，歷經苦戰，危難備嘗，才剿滅了大亂！

記：太平天國傾覆，您的勛業和聲望如日中天，達於顛峰。

曾：我被封一等侯爵，世襲罔替；我的三弟國荃被封為一等伯爵。我湘軍將領任督撫者便有十人，其餘的也授予道員、知府、知州的；至於擔任提督、鎮統、總統，多得更不在話下……。

記：這是南京屠城，十數萬太平軍民的冤魂所換來的，「賊來如篦，兵勇如洗」，這也是您被稱為「曾剃頭」的原因。

曾：戰爭嘛！不是你死就是我活，也沒得話可說了。

記：南京人也真他媽的倒了八輩子楣！遠的不說，史可法守城的結局——屠城；太平軍陷南京——屠城四萬；此時天京陷落——又屠城；抗日南京屠城——六十萬人。一次又一次，搞得地覆天翻……。

曾：也許南京人天生擯子頭，不信邪！

記：這點台灣人可就好多了！見好就收，好漢不吃眼前虧，陣前口號喊的漫天底響，暗地裡自有「祕使」、「國際人士」暗通款曲，事後有人收拾殘局！

曾：何以見得？

記：施琅收台，日軍攻台，二二八善後會議，「一邊一國」扮家家酒，莫不如此！

曾：颱風過後，雨過天青，台灣自是寶島一個。

帝王大業・心動而不行動

記：文正公！您自咸豐二年（西元一八五二年）奉詔起用，治團練開始至同治十一年（西元一八七二年）死於兩江總督任內，前後達二十一年之久，為滿清王朝立下救亡圖存的豐功偉業……。

曾：我三任兩江（轄江蘇、安徽、江西三省）總督，兩度督辦江南、東南軍務，一度出任欽差督辦直隸、河南、山東三省軍務，任過直隸總督並大學士封一等侯爵，加太子太保銜。

記：聽說您獲得准許在紫禁城騎馬的特殊待遇，受到慈禧太后四次召見，參加二次滿漢全席的國宴，位居漢大臣首席，曠古以來，未有享受如此尊榮的。

曾：而且，我三弟任湖北巡撫，我的學生與下屬分別任山東、江蘇、浙江、江西、四川、陝甘、閩浙……等地的巡撫或總督。

記：是時也，關內十八省的政權，全在您麾下的掌握之中，設官分

職，幾若全國聽命於一人；您不想有更進一步的作為？

曾：咸豐十一年（西元一八六一年）收復安慶，彭玉麐代巡撫迎我於江岸，遺我一書，無信頭亦無函尾，寥寥數語，但云：「東南半壁無主，老師得無意乎？」

記：他要你做「大丈夫」？

曾：我趕緊把紙條撕而團之，納於口而吞焉。

記：雪琴（彭玉麐字）可惡，如此戲弄忠心耿耿的老師，那成什麼話！

曾：王壬秋（湘綺老人）是我幕客之一，當我在祁門屯軍時（西元一八六〇年），嘗徒步來見我說：「天下者天下人之天下也，有德者居之，無德失之，清運既衰，何不取代？」

記：您不心動？

曾：我用中指沾茶水在桌上寫「荒唐，荒唐！」四字，漫以應之。

記：難怪您死時，他送上輓聯一對：

「平生以霍子孟、張叔大自期，異代不同時，戡定僅傳方面略；

經術在紀河間、阮儀徵之上，致身何太早，龍蛇遺垠里堂書。」

曾：湘綺老人把我罵慘了！上聯說我以霍光、張居正自居，但未能操縱全局；下聯說我雖讀書用功，只是鈔鈔寫寫如紀曉嵐、阮儀徵之流，並無著述。

記：他罵得爽！罵得真切！誰叫您只有《經史百家雜鈔》與《曾國藩家書》的著作；他認為您是個沒出息的偉人！

曾：其實我不過藉此表白忠心君國，並無二心，以塞弄清之口。

記：二十年間出死力，為人爭天下，而不留以自取，與其碌碌依人，何如創業垂統？

曾：其實，在湘軍攻下南京，我親審李秀成之後，正要入房休息之時，忽有三十幾位湘軍高級將領，集合在大廳，請見大帥……。

記：他們正準備「陳橋兵變」，給您黃袍加身？

曾：我一看氣氛很不對，在那種情況之下，無言勝有言，我取出紙筆，寫下一付對聯：「倚天照海花無數，流水高山心自知！」

記：什麼意思？

曾：意即落花有意，流水無情，心自知！

記：諸軍有何反應？

曾：有的頷首，有的搖頭，有的歎氣，更有的熱淚盈眶，欲哭無淚……。

記：一、二十年拚死拚活，您不為自個兒想，也要應部下的要求而想。曾老九，您又何必這麼矜持？

曾：你有所不知。第一，太平天國事件，前前後後連回亂（新疆）、捻亂（陝甘）、綹匪（川廣）、苗匪（貴州）、會匪（湖南）等幾達三十年，國家元氣大衰，實不容再啟兵戎；第二，我治軍二十年勞累過度，常患失眠症，又患白內障；第三，萬一個人有不測，諸將帥又將蜂起爭權奪利，天下更形糜爛；第四，從性格上講我是個做事的人而不是做皇帝的人……。

記：那您可以發動宮廷政變啊！反正那時候同治皇帝年幼，根本無能，慈禧太后才初垂簾，一切以您馬首是瞻。

曾：如果這樣我豈不變成曹操第二，讓人永世唾罵！

記：站在國家民族的立場上，我寧願為曹操而不屑為曾九。

天津教案・含辱忍垢

記：**By the way!** 談談「天津教案」如何？

曾：這是我一生中，感到最遺憾的事情。

記：怎麼個遺憾法？

曾：外慚清議，內疚神明，自責不已。

記：說說「本事」看！

曾：同治九年（西元一八七〇年）五月，天津民眾激於義憤，擊斃法國領事豐大業**H. Fontanier**等二十個外國人並焚燬教堂。

記：在英法聯軍新敗之際，太平亂事初平之時，國事危如累卵，竟敢殺洋人，毀教堂……善良的中國人不要命了。

曾：兩次英法聯軍（西元一八五八、一八六〇年）分別訂立天津、北京條約，准許外人在中國傳教、建教堂；「領事裁判權」與「會審公廨」……。

記：才滅了一個太平天國的上帝教，又來了數個如假包換的天主教，情何以堪？

曾：那時天津境內，常有幼兒失蹤的案件發生，傳言傳教士剖心挖眼的傳說……。

記：外國人喜歡收養中國小孩是事實，因為他們喜歡養寵物，而不喜懷胎生孩子，至於剖心挖眼則絕無僅有。

曾：經過民團查出拐犯，供出是法國教堂給他的迷藥……這下要動員到「會審公廨」。

記：何謂「會審公廨」？

曾：根據「領事裁判權」的規定，國人犯罪由國人審判，洋人在華犯罪，由洋人審判……；凡牽涉中外人士之案件由中國地方官員與領事官會同審辦，是為會審公廨。

記：中國人豈不喪失了司法自主權。

曾：為了這件教案，三口（天津、上海、廣州三個通商口岸）通商大臣（相當於外交部長）崇厚等請法國領事豐大業赴堂同訊、觀者群集……。

記：西洋傳教士乃帝國主義侵略者的先鋒隊，鐵定目中無人，囂張萬分。

曾：豐大業腰別洋槍貳桿、口出不遜、將署內雜物隨手打破，並拔出雙槍，朝天津縣令劉杰，隨意施放，傷及百姓……並揚言你怕百姓，我不怕中國百姓，咆哮而去！

記：不知死活的豐大業，竟然在天津街頭演出「西部雙鎗俠」。

曾：百姓眼見此景，忿怒至極；尤以洋人侮辱漢官，更是忍無可忍。遂將豐大業等二十人群毆斃命，並焚毀教堂。

記：原先毀教堂、砍鬼子、殺毛子，以為了不得！這下不得了啦！

曾：法國公使羅淑亞來了照會，請將天津府縣二人抵命，並找出凶手二十人正法；否則，英、法、美、俄四國軍艦將自由行動……。

記：是時，正是普法之戰（西元一八七〇年）法國戰敗，巴黎正面臨淪陷之際，您怕他作甚？

曾：話不是這麼說的！巴黎雖在圍城中，只要他的一艘軍艦，朝我岸上發砲，我們就完了。

記：所以您只好委曲求全了。

寧贈朋友．不予家奴

曾：我於同治九年（西元一八七〇年）十月癸巳，致法國照會：「天津府知府張光藻、天津縣劉杰，充發黑龍江地方。『凶犯』正法者十五人，軍徙者二十一人，續正法者五人，續軍徙者四人，賠款二十萬兩，撫恤二十五萬兩，特派崇厚往法道歉……。」

記：天啊！又一個不明不白的「不平等條約」，這種群情憤動，群毆致死的案件，您去那裡找凶手啊！

曾：有個叫張七把的武官自告奮勇，願意哄騙十八個混混兒，以每人五百兩銀子包下捨身抒難，許以不死……（見陳登原《國史舊聞》七九一天津教案）

記：這簡直是賄買頂凶，最要不得！後來呢？

曾：十八人全都正法！

記：銀子給了沒？

曾：事後每家只給五十兩……。

記：有的或許給了二百五十兩；難怪天津人罵人：「二百五！」乃是

「找死」、「短命鬼」的代名詞。

曾：天津教亂，千人一手，故無所謂首從，盡誅不能，從寬無術，實處於進退維谷之中。

記：您就這樣草菅人命，塘塞了事，鬧事之洋鬼子的命一條值二萬三千兩銀子（總共四十七萬兩）；還派外交部長遠去法國巴黎道歉賠罪；而中國人自願頂罪的必定要鞭笞桁傷，宛轉待斃並株連家屬啼饑號寒的，只給五十兩。

曾：這也是不得已的事耳！

記：這叫「寧贈外人，不予家奴」的「奴才外交」，是您曾剃頭首創的！

曾：不敢！不敢！江山代有賢才出，各領風騷三、五年，「金錢外交」、「破冰外交」、「旅遊外交」、「元首外交」……不也方興未艾？

記：乾脆由外交部長竹間哥與勞委會菊花妹合組「檳榔西施」外交好了，保證轟動武林，驚動萬教！

曾：我拒絕接受您的訪問，滾！

今日之我戰明日之我
～梁啟超訪問記～

在中國近代史上，富於舊學，又飽受歐美新知，在思想上能獨樹一幟：傳記、小說、論著、史地、政治、經濟……樣樣都來。他新舊兼容，包羅萬象。一面努力輸入新學，引發國人學術思想之改造；同時力述我國二千年之固有道德文化，企圖挽救國家命運者——他就是梁啟超。

梁啟超從十六歲開始，至西元一九二九年逝世為止，跨清、民兩代。在將近四十個春秋裡，雖短時間「從政」過，但大部時間均以「文章報國」為己任。四十年之著作，可分為三個階段：㈠戊戌變法與亡命日本期；㈡組黨、從政、反帝時期；㈢講學、育才、論政、著作時期。《飲冰室文集》一千四百餘萬言；舉凡政治、經濟、財政、教育、史學、哲學、藝術與佛學等，無不括而有之。梁氏初以「救世者」自居，以「我若不管政治，便是我逃避責任」自許，終其一生；繼而退出政壇，以讀書、教書、著書自娛，雖未能「達則兼善天下」，然亦堪稱書生報國之典範。

今天透過記者的訪談，讓我們一親任公雅教。

熱血任俠・心儀墨子

記：初次與讀者見面，可否先做一番自我介紹？

梁：我姓梁名啟超，字卓如，又字任甫，號任公。

記：「挾泰山以超北海」（語出《孟子・梁惠王上》），「如有所立卓爾」（語出《論語・子罕》），好名配好字。

梁：不敢！不敢。

記：為什麼又字任甫，號任公呢？是自號還是別人給的號？

梁：是自號！

記：有特別意義嗎？

梁：「任，士損己而益所為也。」語出《墨經》。

記：「任為身之所惡，以成人之急。」您要學墨子，以身教、言教作則，作一個任俠之士。

梁：哇！好高興。大家都開口、閉口叫我任公、任公的；但都不求甚解，不知其涵意，只有您——Mr. Han 一語破的，點到我心深處。俗云：「得一知己，死而無憾。」就是這個意思。

記：您十七歲中舉，四書五經、諸子百家，肯定是讀的滾瓜爛熟，但為什麼您特別偏愛墨子？

梁：墨子是「勞心苦志，以振世之急」；孟子說他「摩頂放踵，而利天下為之。」。他那種「苦行作風」與「犧牲精神」是我特別景仰的。

記：墨家與儒家同為戰國時代「顯學」；但經過秦火烈燄之焚與漢武帝的「獨尊儒術」之賄，漸趨沒落，到了「跌停板」的地步，正面臨「下市」的困境。

梁：可是他那種「其言必信，其行必果，己諾必誠，不愛其軀。」《史記．遊俠列傳序》的精神，早已深入人心，並不因墨家的中絕而稍衰。

記：像哥老會、洪門會，甚至義和團……等組織，每逢亡國滅種之際，不顧一切的從事救亡圖存、守土捍外的大業。

梁：國家民族也賴以不墜，無不是墨子遺緒，深入民間的見證。

記：我的很多廣東朋友姓梁，是否也交代一下您這個廣東大姓？

梁：梁姓始自秦仲的少子「康」，被封於夏陽的梁山（今山西省），六十三代傳到唐時梁紹，避黃巢之亂，南遷至福州；宋末從福州徙南雄；明末再由南雄遷新會崖門外小島茶坑。

記：南逃之難民後代，以耕讀傳家，誓不做異族官，為何成了日後的「保皇黨」。

梁：到我祖、父時，皆為秀才，成為一個改良主義者。我從小跟著祖父、父親讀書，專攻經史，把科舉考試當做唯一之路，但先天的革命意識，常在我心。

記：俗語說：「談笑皆鴻儒，往來無白丁」，那你們家是個標準的書香傳家囉。

幼齒秀才・少年舉人

梁：我十二歲即以童子試考中秀才，在廣州「學海堂」讀書，學習四

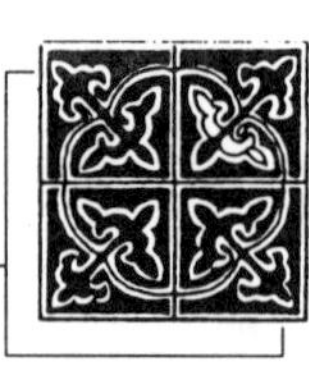

年，至十七歲參加鄉試中了舉人。

記：您這真是少年得志啊，翻遍歷史也沒有幾個像您這樣得意的人；後來有沒有繼續進學——中進士點翰林。

梁：光緒二十年（西元一八九四年）我再度進京參加會試，但沒有考取；從此，再也不參加會試。而且極力主張改革科舉，廢八股。

記：是不是因為自己沒考取，所以主張廢八股……。

梁：那倒不是，綜觀我少年時的讀書過程分三個階段。

記：是那三個階段？

梁：第一階段在中秀才（十二歲）以前：搖帖括以外，無所謂學……。

記：什麼意思？

梁：為了考秀才而從事於八股文的鑽研。

記：第二階段呢？

梁：在中舉以前（十六歲）：不知天地間於詞章、訓詁之外，更有所謂「學」。

記：意即專注於中國國學，即所謂的舊學，後來呢？

梁：我中舉後仍在「學海堂」念書，但此時的我，因為看了本《瀛海志略》有了點小小的世界觀，傳統的經典和詞章，已經不能滿足於我的胃口……。

記：思欲有所突破？

梁：有天，同班同學陳千秋帶我去見正在廣州講學的南海奇士康有為先生。

記：為什麼稱他為南海奇士？

梁：他是廣東省南海人，在帝王專制時代，他竟敢於西元一八八八年直接上書皇帝，提出「變成法」、「通下情」、「慎左右」的政治主張。

記：這在當時是破天荒的事兒，保守主義者認為那是膽大妄為的「大代誌」！

梁：然後他就在廣州創立「萬木草堂」從事講學，外加「非常異義可怪之論」。

記：您和陳千秋跑去聽了？結果呢？

梁：我們從上午九點（辰時）進去一直到下午九點（戌時）才出來。

記：哇塞！整整聽了十二小時的課，破金氏紀錄了。

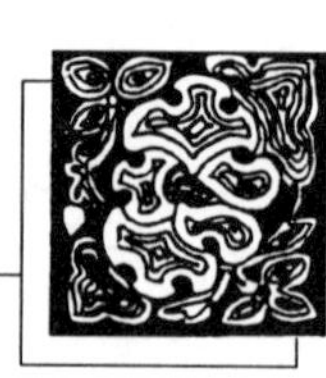

梁：第二天九點我們再去向他求教。

記：這麼精采？他到底講了些什麼，讓你們這麼信服？

梁：陸（九淵）王（陽明）心學、史學和西學。

記：換句話說，他把你倆完全的洗腦，從詞章之學進入史學、哲學和西洋科學。

梁：聽他的議論，起初有如大海潮音，作獅子吼；其後有如冷水澆背，當頭棒喝，盡棄舊學，進入茫茫然不知所以的境界……。

記：什麼心境？

舉人拜舉人‧聞道有先後

梁：聽他的見解是又驚又喜、且艾且怨，既疑又懼。我倆立刻拜他為師並轉學至他講學的萬木草堂求學。

記：在萬木草堂讀了那些課程？

梁：除了國學中像《春秋公羊》董仲舒的《春秋繁露》等古文經籍外；還包括西洋之聲、光、化、電等自然科學；以及文、史、哲、政治、經濟等社會科學。

記：康有為身為書院山長，應該是進士出身才對！

梁：不是，他也只是個舉人，而且只大我十五歲而已。

記：舉人拜舉人為師，您有沒有搞錯？這是前無古人，後無來者的奇蹟。

梁：那有什麼關係？「聞道有先後，術業有專攻」，很多事情並不為年齡、頭銜所限。

記：從此，您不再追求晉身仕途，而成為關心國家前途和命運的愛國主義者。

梁：光緒二十年（西元一八九四年）康師傅和我一起赴京參加乙未年的會試（即考進士）。

記：到了北京是否開了眼界，大有斬獲？

梁：嗯，不是。反倒是目睹京師權貴的腐化以及國事的糜爛……。

記：那是否更激發師生倆變法救國的決心？

梁：特別是聽到「馬關條約」簽訂的消息，加上落榜的打擊，加倍的義憤填膺。

記：康有為得中進士，而您不幸落榜？

梁：雖然我的試卷深受典試副總裁李文田的激賞，但由於受到名額的限制，導致遺珠之憾；事後李老師還一直對我抱歉：「還君明珠雙垂淚，恨不相逢未嫁時。」

記：意思是他不能提攜您，事實上他不久後便去世了。

梁：在落第和失傅的雙重打擊和極度憤怒之下，康師和我立即聯絡在京的十八省八千舉人聯名上書，向政府提出「拒和」、「遷都」、「變法」三項要求，籲請皇上拒絕批准「馬關條約」。

公車上書・改革時政

記：這就是有名的「公車上書」，八千舉人有多少人連署簽名的？

梁：簽名的舉人有一千三百人之多。

記：為什麼叫「公車上書」？

梁：會考時，政府在京師各省會館、驛站……供應車輛，以便學子們乘坐、待命。

記：換句話說你們趁等放榜之時，藉公車之便，集體「串聯」簽名上〈萬言書〉給皇上就是了。有沒有舉白布條、丟雞蛋、撒冥紙？

梁：君主專制時代，那敢遊行集會，而且由於頑固派的阻撓，皇上根本沒看到〈萬言書〉。

記：那怎麼辦？

梁：我們一不作二不休，乾脆留在京師，創辦《中外紀聞》刊物，組織「強學會」，大力宣傳維新變法。

記：結果呢？

梁：刊物被禁，強學會慘遭解散。

記：你們沒有被抓、被關？

梁：他們對知識分子還是相當尊重的。「刑不上大夫」古有明訓，那像北洋軍閥與國民黨時代，抓、關、殺無所不用其極。

記：你們是否轉移陣地，還是另起爐灶？

梁：我們到上海創辦《時務報》，到長沙辦「時務學堂」。

記：你們口徑一致地強調：變！變!!變!!!

梁：總之：凡在天地之間莫不變；上下千歲，無時不變，無事不變；變亦變，不變亦變。

記：說實在的！從事政治既得利益的改革，向來十分困難的。

梁：只好從宣傳與教育兩個管道入手。

記：有效嗎？無能的政府，貪瀆的官吏，麻木的人民，笑罵由人，好官自為的皇室。

梁：經過四年多的努力，西元一八九八年光緒皇帝總算看到康師所呈送的〈上清帝第五書〉，大為感動，認為變法既有利於挽救王朝免於革命，又可擺脫西太后的掌控，一舉兩得。

記：這下你們可是「痲雀變鳳凰」了！

梁：光緒皇帝在便殿召見康師，君臣面對面討論變法意見。一拍即合，相見恨晚。

記：君臣相契到什麼程度？

梁：二人秘商變法常到深夜，有天竟留康師住在禁宮中。

記：君臣關係有如宋神宗與王安石的關係。

戊戌變法．功虧一簣

梁：西元一八九八年六月十一日，頒布「明定國是」詔書。

記：有那些具體內容？

梁：政治上：裁併機構，裁汰冗員，開放辦報，組織學會給予言論自由。

記：經濟上呢？

梁：創立中國銀行，設農、工、商、礦、鐵路總局以發展企業。

記：教育文化方面呢？

梁：改革科舉廢八股，設立京師大學堂，各省縣市開辦各種專門學堂與中小學校。

記：這是變！變！變！「天蠶變」嘛！要打破人家飯碗的大事。

梁：那些老頑固們齊集太后膝前哭訴，氣急敗壞的調兵遣將，伺機反撲。

記：你們有皇帝在背後支持，怕什麼？

梁：光緒是個兒皇帝，在太后的淫威下既無實權又無兵權；唯一指望的新建陸軍頭子袁世凱，臨時又變卦……。

記：才一百零三天的變法維新就此壽終正寢？

梁：光緒帝被囚於瀛台；譚嗣同、康廣仁等「六君子」被捕，斬於菜市口……。

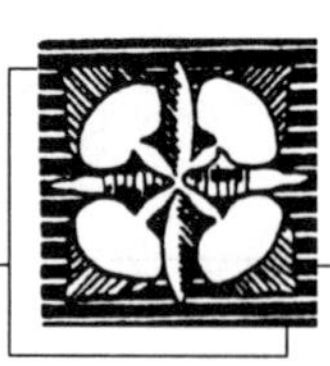

記：你和康有為如何得脫？

梁：我們逃進日本大使館，換了和服，躲過搜查，登上日本輪船，亡命日本。

記：你們在日本做政治難民？

梁：我的學生蔡鍔、李炳寰、林圭等十一人，都棄家投奔到日本。

記：你們在日本如何從事改革運動？

梁：西元一八九八年十月我們在橫濱創辦《清議報》，在東京設高等大同學校，第三年八月我們又辦了《新民叢刊》。

記：流亡蟄伏期間，無法進行改革運動。

梁：吾等一介書生，手無寸鐵，除了口誅筆伐外，還能做什麼？

記：您不怕言出禍隨，遭致牢獄之災？

梁：義之所在，一無反顧。不能因為有所顧忌而安於緘默，我以為這是身為知識分子應有的職責。

記：為什麼您的文章叫做「新民體」？

梁：從西元一八九八年流亡日本直到辛亥革命成功(西元一九一一年)後回國，其間雖然去過香港、南洋、印度、澳洲等地居留，但整整有十年是在日本主持《新民叢報》……。

記：所以形成一種「新民體」的章法。

梁：辦報紙、寫專欄，您也知道，絕不能固守桐城、六朝等窠臼文體。

記：對啊！那種老古板的文章誰看得懂。

梁：我只好以平易暢達，雜以俚語、韻語及外國語法的方法撰寫文章。

記：新民體是一種舒卷自如，雄辯驚人而筆鋒常帶情感，對於讀者別有一種魔力焉。

梁：也沒什麼啦！那只是一種「最白話的文言文」，「也是一種文言式白話」；其目的在便於宣導我的「新民說」而已。

記：何謂「新民說」？

梁：我到了日本之後，深深的體會到，要從事政治改革，達到強國目標，必須從國民性格上加以根本的改造，否則一切均告落空。

記：您認為中國國民最欠缺的「新民之道」為何？

梁：「公德」、「國家思想」、「進取冒險」、「自治」、「自尊」、

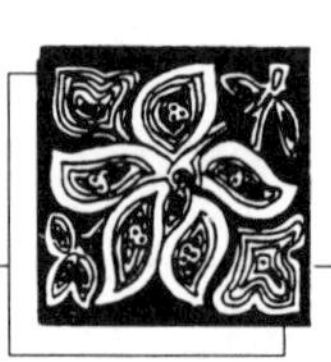

「合群」……等。

記：總不外貧、病、私、愚、弱五大國病。

梁：我自亡命日本後，相較中日兩國之強弱興衰。發覺國家之強弱、民族的興亡端在國民性格的改造；從此捨棄了枝枝節節的「變法論」、「保皇論」，而從事於「新民強種」的努力。

記：您的「新民體」，不愧為現代白話文運動的先導，自然亦形成了一種「新聞新文體」，您不愧是一位最稱職的新聞記者。

梁：不過老輩文家依然視我為「野狐禪」。

記：老頑固們如何撻伐您？

梁：他們一會兒說我過度「熱中」於政治；一會兒又說我「善變」，欠缺主張，還譏笑我「不擇人而友」。

記：這也是中國知識分子一向的悲哀。他們「學而優則仕」急於用世；加上沒有背景，也沒有造反的本錢，像是「在大海中亂抓浮木」般的想達到「上致君，下澤民」的初志。

梁：最後也只落得「書生報國在紙上」的下場。

記：以致您在病床上淌血，還不忘情於《辛稼軒年譜》之作？

梁：我想像辛棄疾一樣，以「政治奮鬥」，成為終生職志。

記：亞里斯多德早就說過：「人是政治的動物。」何況您還擔任過熊希齡「名流內閣」的司法總長（民國二年）；袁世凱總統的「參政院參政」（時在民國三年，相當現在的總統府資政）；段祺瑞內閣的「財政總長」（民國六年）……，前後五次參政。

梁：事後想想，只是空蹚渾水而已。

記：西元一九二四年，您因血癌（小便帶血），雖經多方診治，甚而割掉右腎，也無法治癒，終於在西元一九二九年一月十九日以五十七歲的壯年去世。

梁：陳少白輓我一聯：「五就豈徒然，公論定當憐此志；萬言可立待，天下端不為常師」，最獲我心。

記：怎麼說？

梁：上聯說我二次入閣任司法、財政總長，三次分別任參政、撫軍兼政務委員長、巴黎和會顧問，豈是一無成就？

記：您對國事感到很灰心。

梁：西元一九二〇年巴黎和會返國後，再也不過問政治，專門從事於

著述、講學、論政……。

棄政治・事立言

記：最後您比較滿意於「立言」大業。

梁：本來嘛！文章千古事，宦海一瞬間。

記：您一生的著述達千萬言之多，已出版者即有七、八百萬言。小說、傳記、政治、經濟，幾乎包羅萬象，其中您最得意而自認為有成就的是那些？

梁：第一是政治進化論。

記：何謂政治進化論？

梁：凡人群必起於家族，所以人類政治之進化必從：族長政治、酋長政治、神權政治、封建政治、君主政治到立憲政治。

記：這是承自王夫之的思想，較之譚嗣同的思想更細密；其次呢？

梁：現代國家論！

記：何謂也？

梁：國家者，活物也，公物也，故無一人能據有之者。人民之盛衰，與國家之盛衰，如影隨形。

記：這就是您「新民說」的衍伸；還有呢？

梁：政黨政治說：凡國必有兩黨以上，其一在朝，其一在野。非真立憲之國不能有真政黨，然非有真政黨之國亦不能真立憲。

記：中國國民黨立憲五十年的結果，不幸被您料中。

梁：我還提倡自由主義論！

記：您是有名的保皇黨分子，主張自由主義？

梁：我以為自由者，奴隸之對待也。其內容有四：一是政治上的自由；二是宗教上的自由；三是民族上的自由；四是生計上的自由。

記：何謂生計自由？

梁：資本家與勞動者，相互而保其自由也。自由者，天下之公理，人生之要具，無往而不適用者也。

記：這在當時已經是很前進的思想了。

梁：不過我以為，我在思想界只具破壞力而未曾有建設性，整個思想界之粗率淺薄，我應負很大的責任。

記：您忒謙了，一時一期思想的演進與形成，絕非單獨一人所可左右

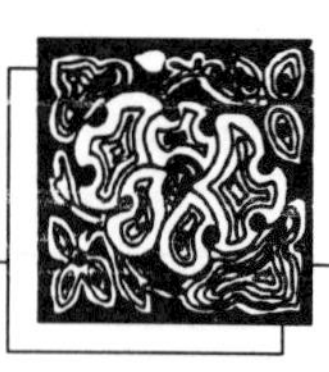

的；對了，我們不談這些，談談您的婚姻生活如何？

高攀婚姻・低心下首

梁：唉！一講起李夫人我就氣結！

記：怎麼說？莫非您是P.T.T. Club（怕太太俱樂部）的會員？

梁：話說我十七歲那年，考中舉人，名列第八；當時典試正考官貴州李苾園（端棻）先生，看我年少英俊，託副考官王可莊（任堪）作媒，將其幼妹李蕙仙小姐許配給我。

記：誰是李端棻？

梁：他是京兆尹（首都市長）李朝儀的兒子。

記：哇塞！有個好岳丈加上好郎舅，這下您可以少奮鬥三十年……。

梁：可惜後來我連續二次會試落第，加上公車上書變法，落得個通緝在案，流亡海外十四年之久。

記：李夫人是個怎樣的人？看她名字肯定是個蕙質蘭心的美女？

梁：不說也罷！說容貌嘛！是那種擺在家裡可以放「心」的那種；說身材嘛！足足高我半個頭，是那種令人擔「心」的女人；說脾氣、個性嘛！是足以令人驚「心」動魄的人物。

記：是那種標準「三心牌」的人物。

梁：可不是嗎？尤其在日本橫濱那幾年。

記：流亡生活，心情鬱卒，天天吵架？

梁：我那敢吵架？都是她罵我的聲音，從巷口罵到大街上。

記：豈不像潑婦罵街似的？

梁：我可不敢這樣形容她。

記：您怕太太怕到她死了（李夫人先梁啟超五年死），還不敢吭一聲，有夠「遜」！

梁：有嘛？

記：大凡懼內者，不出下列三大原因……

梁：說來聽聽看。看看是否「對症頭」！

記：第一：高攀女方者。

梁：這個我承認。岳父身任首都特別市市長之尊，舅老爺是一手提拔我（鄉試與會試）的恩人，後任禮部尚書；戊戌政變時還被我牽連遭革職遣戍新疆的下場……。

記：就這點您就吃不了兜著走了。

梁：難怪曾國藩說：「娶媳當娶不如我者，嫁女當嫁強於我者。」；那第二因素呢？

記：大凡男人在外拈花惹草被發覺或未被發覺者……。

梁：被發覺者理虧，當然死得難看；未發覺者……。

記：心有所愧，用「怕」太太作補償作用。

心動不行動．空負美人心

梁：這點我有嗎？

記：您在日本可認識一位從上海來的薛小姐。

梁：她美若天仙，才如班昭。我常在報刊詠詩為文贊她、捧她，可是我沒跟她「五四三」，冤枉呀！

記：這就夠了，要知道在愛人眼中忍不下一粒砂子的。

梁：有這麼嚴重嗎？

記：還有您奉康有為之命到美國募款，那位擔任翻譯的何小姐？

梁：中英文俱佳，談吐得宜、個性瀟灑大方，我回到日本還在《清議報》為她作〈記事詩〉二十四首，抒發內心感觸。

記：連您的康有為老師都說這是誨淫之作，據說她還因此為您守閨不嫁。

梁：啊！怨不得人啊！只怪何女士太癡情！

記：您任司法總長時，她特地從美國趕到北京來看您、向您道賀。

梁：我只好在總長接待室見她一面。我乃「一夫一妻世界會」的創始會員，只能「心動」不能「行動」。

記：後來（民國十三年九月）李夫人病逝，何女士千里迢迢的到「清華大學」去找您，您連一頓飯都不留她吃，就把她送走了。

梁：這時我腰子病痛加劇，既不「行」也不能「動」了，還有什麼搞頭！

記：您薄倖有餘、忠誠不足，還有您跟李夫人的侍女「王姨」生了個孩子，可有此事？從實招來。

梁：好了！好了，這兩點我都認了，還有第三點呢？

記：本身有「暗疾」，不能大展「雄」風，則更不足為外人道也。

梁：您有沒有搞錯啊！我有兒有女的，怎麼誣衊我「不行」呢？

記：您從五十二歲起小便帶血，屢經中外名醫都醫不好，最後切掉腰子，還不見痊癒？

梁：到了民國十八年拖死為止……。

記：那不是腎虧病是什麼？

梁：我既然這麼「沒路用」，那您幹嘛今天訪問我？

記：最近有個電視劇《人間四月天》，炒紅了半邊天；其中的女主角林徽音女士以徐志摩的「靈魂伴侶」出場，轟動文林與藝林。

梁：林徽音?!那是我的二媳婦，是梁思成的妻子！

記：就是衝著您是林徽音的公公，徐志摩的老師才訪問您的。

梁：氣得我腰子又痛了！

記：@@@！

有所為有所不為；無所求無所不求
～胡適訪問記～

胡適，字適之，安徽省績谿縣人。生於清光緒十七年（西元一八九一年），卒於民國五十一年（西元一九六二年）。胡適之出生正逢「千年未有之變局」；胡適之成長，正值「專制與民主交替之邊緣」。他自承哲學是他的「職業」（occupation），他高唱：「大膽的假設、小心的求證」；歷史是他的「訓練」（training），他強調：「有一分證據，說一分話」；文學是他的「消遣」（hobby），他高舉文學革命的大旗，喊出打倒孔家店的口號，主張「八不主義」，提倡白話文。

他於宣統二年（西元一九一〇年）秋季，以「第二批庚子賠款獎學金」的名額，進美國康乃爾大學習農，於民國六年（西元一九一七年）以〈中國古代哲學方法之進化史〉論文，成為哥大哲學博

士候選人。是年九月應北京大學之聘，回國任英文教席。之後，他除了擁有哥大哲學博士外，又得了三十五個名譽博士學位，博士頭銜之多，令人嘆為觀止。

胡適「讀書」、「做官」、「教書」、「寫書」，多角經營樣樣來。他擔任駐美大使、駐聯合國代表、國大代表、中央研究院院長，差點還參選總統呢！他當過北大、中國公學校長；他編過《獨立評論》、寫過《中國古代哲學史》、《戴東原的哲學》、《淮南王書》、《白話文學史》，作過《水滸傳》、《紅樓夢》的考證，註過《水經》，替「神會和尚」作過傳；更誇張的是，他還「小腳放大」寫過「兩個黃蝴蝶，雙雙飛上天。不知為什麼？一個忽飛遠。剩下那一個，孤單怪可憐；也無心上天，天上太孤單。」之「胡適體」（見《嘗試集》）新詩。

有人說胡適「不務正業」；有人說他是「三分洋貨，七分土貨」的學術「單幫客」；有人說他好吹牛，浪得虛名……。今天，記者來到南港胡適公園，讓胡適肉白骨，復原形，從頭說起。

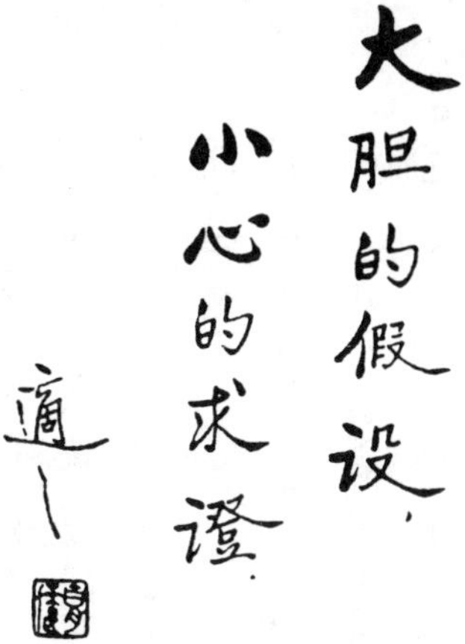

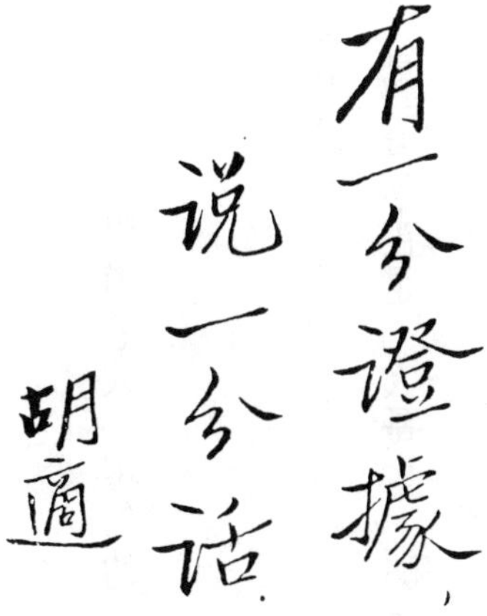

大胆的假设，
小心的求证。
適之

有一分证据，
说一分话。
胡適

*胡適喜歡的兩句格言

庚款赴美，受難於蘋果

記：「大哥大」胡！您好！

胡：你這個人怎麼這樣不禮貌，我又不是黑道老大「羅勿助」，怎麼叫我大哥大？

記：您不是胡博士嗎？

胡：是啊！我一生得過三十六個博士學位。

記：胡博士的英文Doctor Hu，其音譯豈不正是「大哥大・胡」嗎？

胡：正是！

記：那麼我稱您「大哥大胡」，豈不名正而言順。

胡：是的，是的！失禮，失禮！原是彼此對「大哥大」認知（aknowledge）的不同，方生誤會。

記：您第一個博士學位是那兒得的？

胡：西元一九一七年我以一篇〈中國古代哲學方法之進化史〉的論文，成為哥大哲學博士候選人。

記：那麼，什麼時候才正式得到學位？

胡：十年後西元一九二七年才正式得到哲學博士學位。

記：哥大的博士學位這麼難得？前後總共花掉您十年的青春？

胡：西元一九一七年我成為博士候選人後，北大聘我為英文教授，我認為機會難得，立刻應聘回國。直到西元一九二六年我赴歐考察教育，經俄、德、法、到英國，第二年轉往紐約把那本先前在上海印就的"*The Development of the Logical in Ancient China*", 1922, The Oriental Book Co. 博士論文經過杜威（John Dewey）和夏德（Frederich Hirth）兩教授的簽證，才正式得到學位。

記：我聽說庚款獎學金，只能讀農科與教育，以從事中國社會的改造，您怎麼會讀起哲學來了？

胡：西元一九一〇年八月，我到美國康乃爾大學，讀的的確是農業。

記：後來，怎麼改變了志願呢？

胡：第一天上課，教授在每個實驗桌上擺了三十多個蘋果，叫我們分別用拉丁文和英文，做學名和俗名的分類外，還要紀錄：莖的長短、果臍的大小、果頂稜角、果皮顏色、果肉韌脆度、酸甜度……等。

記：您以前有沒有吃過蘋果？

胡：蘋果吃是吃過的，但從來沒見過三十多種不同的蘋果。

記：您傻眼了？

胡：美籍同學只消花個二、三十分鐘，就搞定了這堂課；我則一直弄到晚上七、八點，才分類了二十多顆蘋果。

記：那怎麼辦？頭一堂課就這樣，以後的日子怎麼過？

胡：美國有四百多種蘋果，所以我只好改讀文科。

記：可以嗎？

胡：照規定是不可以的，可是「不可以」又如何？

過河卒子・農文雙修

記：這時您已成「過河卒子」，讀「農」絕對讀不下，讀「文」又不准。

胡：此時北地「天雨濛濛，秋風蕭瑟，客子眷顧，永懷故國，百感都集」（《留學日記》，一九一二・十・十）。

記：欲歸也不得，正所謂「男兒立志出鄉關，不得成功誓不還」。

胡：還好我出國時，行囊中帶了幾本《詩經》、《尚書》、《禮記》以及先秦諸子的書。

記：原先消遣用的書，現在倒派上用場了！

胡：我從《詩經》中「洗沙淘金」，完成了一篇〈詩三百篇「言」字解〉的稿子。

記：您用西洋的歸納法重新詮釋《詩經》。

胡：為環境所迫，只好別出心裁了！

記：您在康大總共待了幾年？

胡：從西元一九一〇年（宣統二年）八月到西元一九一五年（民國四年）九月，整整五年。

記：這五年您是怎麼過的？

胡：讀農雖然很痛苦，但憑著年紀輕，記憶力又好，考試前開開夜車；那四百多種蘋果分類的「果樹栽培學」（Pomology）還難不倒我的。

記：成績怎樣？都「低飛掠過」？

胡：康大有個規定，只要十八學分的必修課，成績平均在八十分以上，學生即可隨興選修外系課程。

棄農修文・陳倉暗渡

記：於是您來個「明修棧道，暗渡陳倉」？

胡：對！我農科必修課程平均八十分後，大量的選讀哲學與心理學、英國文學及政治與經濟學。在第四個學期如願以償的轉入文理學院，改習文科。一年半後畢業，取得文學學士。

記：您在康大有什麼值得回味的事兒？

胡：當時康大有外國學生約兩、三百人……。

記：是一個大團體中的「少數民族」。

胡：我深知「團結就是力量」的道理，趁機登高一呼，成立了一個「政治研究會」，讓中國留學生除了讀書外，還要研究世界政治。

記：本來嘛！亞里斯多德說過：「人是政治的動物！」

胡：第二年（民國二年，西元一九一三年）我還當選世界學生會會長。

記：顯然，此時您已無心於課業上，反而致力於課外活動。

胡：民國三年（西元一九一四年）我根據《禮記・禮運・大同》「大

道之行也，天下為公……故人不獨親其親，不獨子其子……」的素材，做了一場「我的大同主義」（What Cosmopolitanism means of me）的演說。

記：這又有什麼希奇？

胡：一向標榜種族優越感（Racism）的新英格蘭人，從未聽說過「世界大同」的概念。

記：您的演說得到掌聲？

胡：大會主席富利克教授（prof. Flick）認為這是他生平聽到最佳的演說之一。

記：您真是賣對了膏藥！

胡：後來我又發表了一篇〈世界和平與種族界限〉。

記：效果怎樣？

胡：不但當場得到熱烈的掌聲，而且當天《綺色佳晚報》（*The Itheca Evening Journal*），還刊登了全文。

記：這給您什麼樣的啟示？

三分洋貨．七分土貨

胡：我決定扮演一個「三分洋貨，七分傳統」的學術單幫客。

記：怎麼說？

胡：一方面向美國人介紹「先秦諸子思想」；另一方面推薦西方「實證科學」給古老的中國。

記：您這真是一本萬利啊！

胡：這使我名利雙收，經常應邀演講，東起波士頓，西迄俄亥俄的哥倫布城，進一步的使我在公費獎學金停止後，獲得勃郎寧（Robert Browning）文學論文獎。

記：這個獎學金對您很重要嗎？

胡：它不但使我得以繼續康大研究所二年的學程，更足以逐月分期扣還所欠公費。

記：您什麼時候轉學到哥倫比亞大學？

胡：民國四年（西元一九一五年）九月我轉學到紐約哥倫比亞大學攻讀哲學。

記：為什麼？是小池難容大魚？

胡：不敢說！不過您用肚臍眼想就知道了，綺色佳乃美國東北部一小鎮，而紐約乃美國最大都會。

記：您怎麼會遇到杜威的，而且投入他門下，成為他的門生？

胡：有一天，大學圖書館藏書樓前廣場，有男女數人正在演講……。

記：閒著也是閒著，您前去聽講？

胡：其中有一哲學教授叫杜威（John Dewey 1859-1952）正在講實驗主義。

記：何謂實驗主義？

胡：實驗主義乃是一種「美國人的特殊哲學」。它包括了歷史的方法與實驗的方法。亦即任一制度或學說，必先就歷史闡述其「必然性」，然後再以實驗方法證實其「可行性」。

記：您大大的悅服？

胡：他是影響我這一生最深遠的二個人之一。

記：另一人呢？

胡：赫胥黎教我以「疑」；杜威教授則教我以「思」。

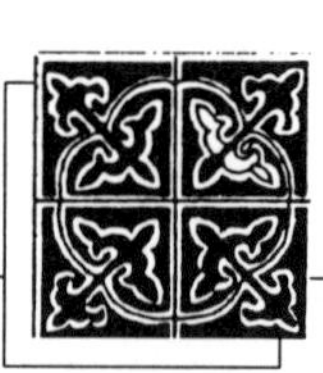

記：此即「大膽的假設」與「小心的求證」的兩個來源。

胡：是的！是的！

記：據說您原來的名字叫胡洪騂，就因為讀了赫胥黎等人的《天演論》深信「物競天擇，適者生存」。

胡：為了服膺他的學說，故改名為適，字適之；同樣的，我的小兒子取名為「思杜」，就是為了懷念杜威教授。

外出求學，婚姻逃兵

記：談談您的婚姻生活如何？蔣介石稱讚您「新文化中舊道德的楷模，舊倫理中的新師表」是怎麼回事？

胡：蔣先生指的大概是我遵守母命的「舊式婚姻」吧！

記：那一定很精彩，說來聽聽吧！

胡：西元一九〇四年我十四歲，我的一個遠房親戚臨終時，將他唯一的女兒託付給我母親……。

記：這個女兒就是後來您的夫人江冬秀女士？

胡：對！我母親是個舊式女子，以為「託付」就是把她與我「送做堆」。天啊！她大我一歲，纏小腳，不識字，從沒見過面。

記：您反對？

胡：我無從反對起，那時我正在上海梅溪學堂讀英文和算學，第二年進入澄衷學堂，除了國、英、算，外加理化、博物、美術等科。

記：他們不催您結婚？

胡：到了西元一九〇八年我十八歲那年，兩家親屬才催促我早日回鄉完婚。

記：您怎麼辦？

胡：我實在不甘心如此草草地了結這一終身大事，可是也不忍違逆寡母心意；只好推拖學業未成，經濟困難，無力養家餬口。

記：兩年後您考取了庚款留美，一待就是十年。這十年當中，您的感情生活一片空白嗎？

胡：「獨在異鄉為異客，每逢佳節倍思親」，陣陣鄉愁勾起了遠在千里之外殷殷切望的老母，以及大我一歲的冬秀，還苦苦的守著「總有一天等到你」的誓言。

記：您毫不心動？

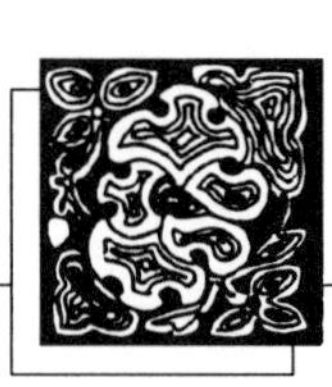

胡：責任感與道德心，緊緊的鞭打、抽勒著我的心。加上我母已把冬秀接來同住。

記：成了「已過門未同房」的媳婦。

胡：有次還寄來了一幀照片，冬秀是那麼溫順地站在母親身旁，婆媳親熱得有如母女，她是那麼的祥和、賢慧。

記：即使鐵打的負心漢，也會眼眶濕潤，心中燃起歉疚之情？

胡：我開始給她寫信，教她認字寫字，教她放天足，努力的培養感情，以便奠立來日共同生活的基礎。

記：這種「柏拉圖式的戀愛」固然妙不可言，卻替代不了現實的情欲。您在美國可有戀愛的紀錄？

胡：西元一九一四年六月……

記：您終於按捺不住，發動了「夏季攻勢」，對象是誰？

胡：康乃爾大學地質系教授的女兒韋蓮司（Edith Clifford Williams）小姐。

記：她是個怎樣的人？

胡：「不」拘小節、孤傲「不」群，「不」事衣飾的「三不」小姐。

記：該不是個三不小姐外加「三U」小姐罷？

胡：那「三U」？

記：ugly, unmarried and unreasonable.。

胡：差不多了！

記：那您為何獨獨鍾情於她？

胡：她有思想、有識力、有魄力、有熱誠，集於一身；一個白人女子敢冒大不韙，與一名清客（Chink）交往。

記：嘸魚蝦抹好！你們交往了多久？

胡：前後有半年之久，我們相約到中央公園、紐約美術館，到她家吃飯，遍遊附近的名勝古蹟。

記：後來怎麼吹了？

棄甲曳兵，愛情逃兵

胡：有一天，兩人在她房中談心。外面起了大霧，窗裡窗外籠罩著一種朦朧、靜謐、遐思……之美，兩人陷入「你儂，我儂」正欲「天雷勾動地火」之際，我緊急煞車，起身打電話叫來了我另一個朋友……。

記：胡適啊，胡適！您這是幹什麼？大殺風景不說，孤負美人心，罪該萬死。

胡：我沒辦法，就在那千鈞一髮的「當下」，腦海中浮出寡母和冬秀的身影。

記：後來呢？

胡：我只好據實以告，我已訂婚。西元一九一五年二月她給我一封信要我「斬斷情絲，懸崖勒馬」。

記：你們就這樣「中美」斷交，結束了一段純純（也是「蠢蠢」）的「愛」。有沒有留下什麼回憶？

胡：在短短的半年中，我給她寫了一百多封情書，她也寫了十多封給我……。

記：十年只這麼一次？

胡：到了哥大後，認識了陳衡哲小姐……。

記：她是何許人也？

胡：她抗拒父親的訂婚命令，跑到瓦莎女子大學（Vassar College）主修西洋歷史、副修西洋文學，還是個小說家。

記：你們同是逃婚人，是怎麼認識的？

胡：我們一起編輯《留美學生季報》，在短短的五個月中通信四十多封，談文學，談哲學，論國事，互訴愛慕。

記：人說「得一知己，死而無憾」，這下您應該勇敢的說：「我要！我愛！」。

胡：最後我還是告訴她：「我已經訂婚了。」

記：她聽到這個消息，心裡豈不難過死了。

胡：她心中雖然難過，但並不絕望。她對別的追求者，聲稱她是獨身主義者，內心深處卻一直期待著我的求婚。

記：後來呢？

胡：我回國結婚，她才「嘸魚蝦抹好」，心不甘情不願的嫁給我最要好的朋友任叔永——是我極力推薦的。

記：您好殘忍啊！聽說你對她也是念念不忘的。

胡：我瞞過我妻，把我們的女兒取名為「素斐」。

記：為什麼？

胡：衡哲的英文名字叫莎菲（Sophia）。

記：您有沒有讀過一本叫《洛綺思的問題》的小說？

胡：怎麼會沒有？

記：說說「本事」看！

胡：寫一位哲學教授愛上了女學生洛綺思；但卻娶了一個四肢發達，頭腦簡單的體育女教員，婚後很不如意，哲學教授的內心，仍然深深的愛著洛綺思。

記：作者是誰？

胡：作者就是陳衡哲。

記：那就是胡適、陳衡哲、江冬秀三人「三角戀愛」的寫照，瓊瑤的「窗外」是模仿之作。

胡：那我就不知了。

心動而不行動

記：您在哥大二年，只此一件「艷聞」？請對歷史負責，請從實招來！

胡：在哥大有位李美步（Mabel Lee）同學……。

記：怎麼樣？

胡：她是第一位中國女性獲得庚子賠款來哥倫比亞大學攻讀農業學的學生。

記：你們有著相同的背景？

胡：同是庚款學生，後來我們同成為哲學系的學生，還先後擔任過「中國留美同學會」會長的職務，一同推展會務，不遺餘力。

記：你們相愛嗎？

胡：我們相互提攜，互為照應，當然互訴愛戀之意。西元一九一八年她獲哥大哲學博士學位，是時我在北大，力邀她回國服務。

記：她拒絕了？

胡：由於她父親李韜牧師任紐約中華公所主席，需要她幫忙；後來李韜去世，為了奉養高齡老母及籌建「李韜紀念堂」未能應聘回國。

記：她請您參與紀念堂的籌建工作？

胡：沒有！不過「紀念堂」三字的匾額是我題的字；另外我還題了一幅「功不唐捐」的辭兒給美步，以慰其辛勞。我更題了「見義勇為」四字做為紀念堂的永久「堂訓」，西元一九四四年，我任駐美大使時還擔任李

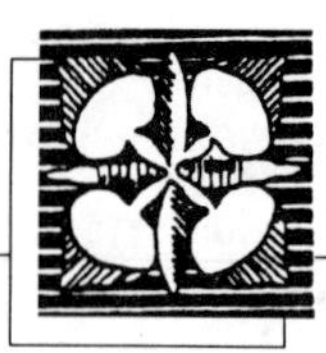

韜紀念堂董事多年。

記：她有沒有回國看過您？

胡：西元一九二七年我任北大文學院院長時，她來看過我。

記：您早就跟江冬秀有婚約了，後來她嫁人了嗎？

胡：終身未嫁，獻身基督。

記：您又一次的孤負了美人情。

胡：那又有什麼辦法，誰教我們恨不相逢未娶時……。

有始無終，表妹出家

記：聽說您還有更轟動的羅曼史？

胡：西元一九二三年我到杭州西湖南山的煙霞洞渡假。

記：西湖美景也，胡適帥哥也，若再加上美女，必定美不勝收的。

胡：我的表妹曹誠英……。

記：您有個表妹？我怎麼沒聽說過？

胡：她是我三嫂的同父異母妹，住在離我家才二、三里路的地方。

記：在那個時代，那種偏僻的鄉下，人與人之間拐彎抹角都攀的上點親戚關係，何況您是看著她長大的。

胡：她比我小十歲。不是吹牛，我真的是看她長大的；不過在她十六歲那年（西元一九一五年）就奉父母之命許配給胡冠英。

記：那個時候您在哪兒？

胡：我在美國紐約哥倫比亞大學修博士。

記：想來胡冠英肯定是您本家親戚？

胡：本來嘛！巴掌大的小地方，非親即故，自是難免。

記：您應該祝福他們才對。

胡：說的也是！那曉得她竟然在西元一九二〇年蹺家出走，考取杭州女師讀書去了。

記：西元一九二〇年您在那兒？

胡：我在北大任教，而且每周南下到東南高師（中央大學前身）兼課。

記：說的也是，這曹誠英的蹺家、進學、以及後來的逃婚還不都是為了您這個多情種子……。

胡：很難說，我也不知道實際情況。

記：您只能說：「我雖不殺伯仁，伯仁卻因我而死。」

胡：西元一九二三年的那個暑假，她竟然跑到西湖來看我。

記：祇是來看您而已？

胡：我們一起遊山玩水，一起喝茶下棋，一起讀古今中外小說，一起……。直到她開學了，我們執手相看，淚眼滿眶，久久不忍分離……。

記：聽說從此以後，您經常從北京到杭州來看她。

我那能忍得住唷！

胡：這次我倆是真正的陷入愛河中，也是我第一次領略到「愛人」與「被愛」的感受。我決定「選我所愛」並且「愛我所擇」，不再拘泥於世俗的婚姻。

記：這次您決定高舉「婚姻革命」的大旗，喊出拳打「媒妁之言」，腳踢「父母之命」的口號。

胡：我鐵了心，壯了膽，我要造反！

記：以前您跟江冬秀只有婚約而已，您都不敢抗拒；現在不但結了婚，而且還生了兩個兒子，您敢？

胡：我鼓起勇氣向冬秀先後二次提出離婚的要求。

記：結果呢？

胡：第一次她大吵大鬧，拿起裁紙刀向我擲來，擦耳而過；第二次她把誠英的照片撕個粉碎，然後到廚房操起一把大菜刀說：『如果要離婚的話，我先把兩個兒子殺了，然後再自殺，要你好看！』

記：您嚇到了吧，鳳陽大腳婆這麼兇！

胡：那裡，她是徽州小腳娘。更兇！我只好認了！

記：您怎麼專做這種「心動」而不「行動」的事兒。

不是怕風吹雨打，
不是羨燭照香熏，
只喜歡那折花的人，
高興和伊親近。
花瓣兒紛紛落了，
勞伊親手收存，
寄與伊心上的人，
當一封沒有字的書信。
一九二五年作瓶花詩　適之。

＊胡適與曹誠英熱戀時所作的詩

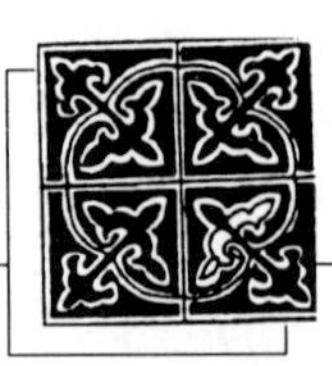

胡：哪有？

記：西元一九四七年青年學子、學術界以及美國方面一致支持您競選中華民國行憲後第一任總統。

胡：我當然很想當總統，而且想死了。

記：可是為什麼不了了之，沒有下文了呢？

胡：我是誠心誠意的想與蔣介石先生參加第一屆總統的選舉，一起公平競選；可是蔣先生表示只要我參加競選，他立刻放棄，情願當我的行政院長。

記：當仁不讓，有何不可？

胡：你用肚臍眼想也知道，一個操黨、政、軍大權的五星上將，做我的行政院長，那還會有我的命？當您想到廖仲愷、胡漢民、汪精衛、張學良、馮玉祥與李宗仁的下場，您就知道問題不簡單了。

記：還有林森主席所受的「待遇」；所您以三十六計走為上策。您會不會感到很鬱卒，您這輩子都在做「逃兵」。

胡：何以見得？

孤兒寡母，妥協心腸

記：原先到美國讀農，結果做了「學術逃兵」改習哲學；談了四次轟轟烈烈的戀愛，結果都臨陣脫逃，棄情人於不顧，做了「愛情逃兵」；想幹總統、想搞黨外，結果臨時抽腿，做了「政治逃兵」。為了組黨，害得雷震先生足足吃了十年牢飯。

胡：那有什麼辦法！毛澤東先生說過：『形勢比人強嘛！』絲毫由不得人的。

記：對了，後來您那小表妹曹誠英怎樣了？

胡：也到康乃爾大學去念書。

記：想來還是您寫的推薦函吧？那後來呢？

胡：她回國後先後在安徽、四川、復旦等大學教書，兩次想自殺；最後還到峨嵋山當尼姑，終身未嫁。西元一九三九年七夕，我人在美國還收到她寄來的一首小詩：「孤啼孤啼，倩君西去，為我殷勤傳意。道她未病呻吟，沒半點生存活計。忘名忘利，棄家棄職，來到峨嵋佛地。慈悲菩薩有心留，卻又被恩情牽繫。」

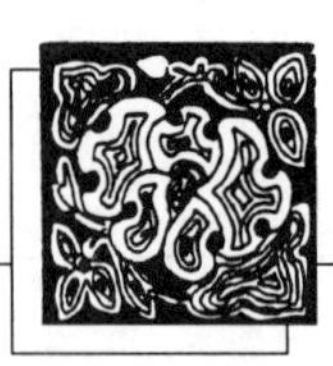

記：很坦白，很大膽的剖析了她的內心，您怎麼辦？又是只有「心動」沒有「行動」。

胡：信中無片言隻字，亦無地址，郵戳依稀可認「四川萬年寺，新開寺」八個字。

記：「麻將聲中怨冬秀，卻又情多累美人。」胡博士啊，胡博士！您這又何苦呢？不怕傷透了美人心。您是十足的「情人殺手」！您會得到報應的！

胡：＊@＃&……

現代「海上蘇武」
～黃杰訪問記～

由於捲入曠日持久達二年半的對外戰爭（第一次世界大戰），造成社會的不安與政治氣壓的沈重。在「給我們麵包」及「打倒沙皇專制政府」的口號下。俄國於西元一九一七年，連續發生「二月革命」與「十月革命」（實際新曆是三月與十一月）二次大動亂。

接著以布爾什維克黨弗龍茲將軍（Mikhail Frunze）為首的蘇維埃政府軍（俗稱紅軍）與以黑海艦隊司令高爾察克將軍（Alexander V. kolchuk）為首的反共政府軍（俗稱白軍），形成了為時四年（西元一九一七年底起至西元一九二一年底），地區遍及全國（北至白海，西至波羅地海，南至黑海、裡海、高加索，東至西伯利亞以迄日本海）的俄國內戰。

西元一九一八年白軍殘兵敗退，進入有「亞洲瑞士」之稱的我

唐努烏梁海地區（面積十六萬九千五百平方公里，有五個台灣大。位於外蒙古西北隅），紅軍藉口消滅叛軍，追蹤而至。二一年在俄人導演下成立「拓跋人民自治政府（Tuvinian Autonomous Republic）」，接著更名「唐努土文人民共和國」（Tannu-Tuva people's Republic），國民黨中國政府提出「嚴重」抗議，無效。

西元一九一九年西伯利亞，白俄謝米諾夫（Seminov）在布里雅特蒙古地區（Buryat）（在外蒙古正北邊，貝加爾湖流域），發起所謂「泛蒙古運動」，意圖成立「泛蒙古國」。接著喬巴山（Khorloin Choibalsan）和蘇哈巴托（sukhe Bator）在庫倫組織共產革命小組，引紅軍進入外蒙古驅逐白軍，成立「蒙古人民革命政府」，二四年改名為「外蒙古人民共和國」（Mongolian people's Republic）。

二二年蘇聯在貝加爾湖周邊成立「布里雅特蒙古自治共和國」（Buryat Autonomous Soviet socialist Republic）。

又二一年俄白軍戰敗，退入我國新疆省，接著紅軍進駐哈密，上下其手，先後策動新疆政變（從楊新增到盛世才時代）、伊寧事變（成立「東土耳其斯坦共和國」）、北塔山事變，新疆岌岌可危。

話說西元一九四九年夏天，中共「百萬雄師下江南」，天翻地覆滿地紅。江、浙、皖、贛相繼陷落，鄂、湘、桂、黔吃緊，原任國防部次長兼任第五編練司令部司令官黃杰中將，臨危受命，接任湖南省政府主席、湖南綏靖總司令及第一兵團司令官。是時也，國民黨華中戰略部隊的五個兵團（第一、三、十、十一、十七）五十萬大軍遭遇林彪四野東北野戰軍，與劉伯承二野中原野戰軍，二部圍剿殲滅。黃杰所部第一兵團三個軍（第14、71、97軍）共十個師二萬七千餘人（其餘官兵均隨陳明仁司令叛變投共）向桂、越邊境撤退。

西元一九四九年十二月十三日上午八時，將近三萬人的武裝部隊，竟然以五百人為一組，遵照「國際公法」，將隨身武器捆綁點交於僅有碉堡數座，而無戍防所的零星法軍，準備「假道入越，轉回台灣」。

結果……。

革命世家・投效黃埔

記：我看了您所著的《海外羈情》，深受感動。在敗軍被解除武裝之際，仍能維持軍紀嚴明，實屬難能可貴。

杰：「受任於敗軍之際，奉命於危難之間」，這是我身為兵團司令應盡的責任。

記：您首先自我介紹一下罷！

杰：我姓黃名杰，字達雲，湖南長沙東鄉鳳麟嘴人。

記：您是在什麼情況下，接受革命洗禮而參加黃埔軍校的？

杰：我家可說是個革命世家。

記：怎麼說？

杰：我祖父國尊公當年曾追隨陝甘總督左宗棠，任文案入新疆。

記：那是半個軍人呵！

杰：我父德溥先生亦傳承先志，遠遊新疆，歷佐縣政。

記：後來怎麼又回鄉了呢？

杰：因參加革命，事洩脫險，經西伯利亞轉海參威回鄉。

記：怎麼又跟黃埔扯上關係？

杰：民國十二年，孫中山先生在廣州重整革命大業，先父往從之。

記：您也跟著去？

杰：我那時二十二歲，正在嶽雲中學讀書，由於嚮往革命，隨父前往衡陽，入湘軍任排長。

記：聽說您是黃埔第一期的，是蔣公的得意門生。

杰：民國十三年六月十六日黃埔開辦，我就考進去。

記：父子同科從軍，倒是一段佳話。

杰：我於民國十四年一月黃埔軍校畢業，任教導團偵察隊第一排中尉排長。

記：太誇張了，軍校才讀半年就畢業，而且還任中尉排長。

杰：這有什麼希奇？我原先在湘軍便任過排長，至於六個月畢業那還算正常的，由於需才孔亟，有時甚至三個月就畢業了。

記：現在我才知道「受革命洗禮」這句話的真正意義。

杰：民國十五年，我任教導團第三營營長，隨東路軍北伐。

記：那是少校缺！一年之內連跳二級？有這麼「好康」的事？

杰：天天打仗，不陣亡就是勝利，勝利就升官，公式就這麼簡單。

記：會不會上午才升官，下午又升官？

杰：民國十七年我任第十四師四十團上校團長，參加龍潭、鳳陽、蚌埠、徐州、滕縣、濟南等戰役。

捲入內戰・任人宰割

記：從廣東打到安徽、江蘇、山東，貫穿四省。

杰：在徐州、滕縣一戰，張宗昌抬棺出戰以示死守。

記：結果狗肉將軍張大帥棄棺而逃？

杰：對！隨後我軍進入濟南。

記：收復了全山東省？

杰：日軍公然出兵干涉，並殺害我交涉員蔡公時先生。

記：是為「五三慘案」。豈有此理！我們中國人在中國領土內，打咱們的內戰，干日本屁事？

杰：他們支持「奉魯聯軍」，幫張宗昌呀！

記：那你們怎麼辦？

杰：我率衛隊親侍蔣總司令，徒步至界首車站，南下經泰安而徐州，西向經平漢鐵路繼續北伐

記：原來所謂的「國民革命軍」打起土匪、軍閥來特別帶勁，碰到日本或外國軍隊，即或人數不多，也只有「撤」的分兒，這是什麼軍隊？不如叫「洋萎革命軍」好了。

杰：你這記者怎麼用這麼難聽的字眼，形容我們偉大的「國」軍。

記：碰到洋人就萎縮，不叫「洋萎軍」，叫啥？

杰：民國十九年七月我任第一師第二旅少將旅長，參加中原大會戰，討伐馮閻三逆。

記：民國十七年十二月二十九日奉軍張學良宣布擁護中央，通電易幟，不是全國宣告統一了嗎？怎麼又打起內戰來了？

杰：民國十八年一月召開裁軍復員之「編遣會議」。李宗仁、閻錫山、馮玉祥等不服，於是內戰再起。

記：中國軍校盡培植一些「內鬥內行，外鬥外行」的「內戰英雄」。

杰：內部自相殘殺的結果，引起了日本的覬覦，才有民國二十年的「九一八事變」？東三省頃刻之間全面淪陷。

記：您也知道？那為什麼要打呢？

杰：奉命作戰，別無他法。

八年抗戰・贏得五強

記：您在對日抗戰期中，參加了何種戰役，得有何種戰功？

杰：民國二十六年八月淞滬之戰，我任第八軍軍長。

記：這第八軍是如何形成的？

杰：由第六十一師及稅警總團編成。

記：何謂稅警總團。

杰：全名是財政部稅警總團；計轄有六個團，特種部隊七個營，器械精良，員額充實，再加上第二師的八個團……。

記：這是當時最精良的「黃埔軍」。

杰：與日軍鏖戰六十六日，最後在日本海、空、陸三軍協同攻擊下，我軍奮勇苦戰，向蘇州河以南撤守。

記：這就是聞名中外的「四行倉庫八百壯士」，聽說第四團團長孫立人也在這一戰役中身負重傷。

杰：孤軍奮戰，英勇無比，可圈可點。

記：那是標準的「雞蛋碰鐵球」啊！後來呢？

杰：三十二年一月我被調任為第五集團軍副總司令兼第六軍軍長，不久改任第十一集團軍副總司令仍兼第六軍軍長。

記：總兵力有多少？

杰：十四個師，外加滇、康、緬特別游擊隊三個縱隊，從事滇緬國境會戰，負責打通中印公路。

記：胡打亂纏的所謂「八年抗戰」（若從「九一八」算起，應該是十四年）終於在美國二顆原子彈的收拾下，日本無條件投降，我國獲得「慘勝」。

杰：我國成為五強之一，這是全國軍民浴血抗戰的辛苦果實。

記：說的也是！這五強：美國是「真」強，英國是「外」強，蘇俄是「內」強，法國是「假」強，中國是「勉」強！

杰：總比戰敗，沒有「強」好！

記：人家德、日、義是光榮的被打敗，在哪裡躺下，從那裡站起來；我們是不光榮的「慘」勝，所失去的土地（外蒙、琉球、北越、北緬、東

北……接著是「二個中國」，永遠躺著挨宰。

杰：這是時代的悲劇，也是國家民族的悲劇！

記：更是少數野心家所造成的悲劇。對了！抗戰勝利後，您這位功在黨國，護衛領袖的愛將，應該獲得褒獎才對。

杰：抗戰勝利，進行復員，成立「中央訓練團」，我奉派為教育長，主持全國復員軍官二十二萬人之「轉業訓練」，計分警政、行政、交通、礦、農、漁、牧……等班。

記：如何訓練？

杰：由有關部會派員主持教學，為期半載或一年，結業分發任用，投入社會從事建設國家大業。

記：主意很好，想必得心應手，從此進入佳境。

復員未成・再啟內戰

杰：可惜大局逆轉，再啟內戰。

記：您勢必重披戰袍，重新投入戰火？

杰：民國三十六年四月，我奉命兼任「軍官訓練團」教育長，與國防部配合，調訓剿匪部隊團長以上指揮官，從事統一戡亂之戰術思想。

記：您一人身兼文武兩職？

杰：一面辦復員工作，一面搞剿匪戰術、戰法。雙重任務，集於一身，夜以繼日的工作，十分辛勞。

記：功不唐捐，應該獲得代價才對！

杰：內戰全面爆開，復原工作落空，我在「中訓團」的任務交卸。

記：您是蔣公的得意門生，有更重大的任務要您擔任。

黃：民國三十八年夏天，共軍越過長江，江、浙、皖、贛，相繼陷落；覆巢之下無完卵。程潛、陳明仁等，被「和談」所迷惑，大做其「保家保命」之美夢。

記：湖南已是風聲鶴唳，四面楚歌之中。

黃：青翠的麓山，碧綠的湘水，即將漫天烽火，我被任命為湖南綏靖總司令、第一兵團司令官兼湖南省府主席。

記：真可說是：「受任於敗軍之際，奉命於危難之間」

黃：說的也是！我接掌湖南才二個月，中共七個軍往南直撲，我只好堅守湘桂路一線。

記：俗云：「兵敗如山倒」，如何守得住？

黃：十一月五日，「華中軍政長官」白崇禧在桂林官邸召開會議，討論我軍今後動向：

㈠向南行動，至欽州轉運海南島；

㈡向西行動，轉進至黔、滇邊界，進入雲南。

記：最後做了什麼決定？

黃：決議採南進路線，在行動中第三、第十、第十一，三個兵團，不但轉運海南島未成，而且大部隊尚未到達欽州前，即被共軍包圍，各個擊破，以致全軍覆沒……

記：那您的第一兵團呢？

黃：在東、南、北三面臨敵，前、後、左、右均無掩護之下，只好往西「轉進」。

記：轉進是好說，事實上是竄逃。

黃：孤軍西進又因雲南盧漢的叛變，我被迫進入越南。

西進不成・假道入越

記：這就是您「假道入越，轉運回台」的方案。

黃：共軍東自綏祿、北自雷平、西自寧明，分三路組成快速縱隊向我第一兵團進逼，企圖在這桂越邊界把我一舉消滅。

記：此時三萬殘兵敗將已無法與共軍膠著作戰，「西進」雲南又因盧漢之變節而不得入；因此，您只好假道入越，出海防到海南島。

黃：我於十二月九日上午八時，派外事處毛起鷴處長，攜帶「致法駐越高級專員」的備忘錄，隨蔣伏生中將先行向隘店出發，和法方洽商假道事宜。

記：是否達成協議，其內容為何？

黃：協議主要內容有：

㈠同意分為五百人一組，在指定地點將武器交付封存，由法方護送至碼頭；法軍負責安全，我方保證軍紀嚴明。

㈡糧食由法方補給至離越時為止。

㈢銀洋、無線電……。

記：軍人守則最高信條：「槍不離手，手不離槍」，您都忘了。軍人一旦交出武器就等於虎落平陽，任人宰割。

黃：可是我必須遵守國際公法，按國際公法規定，軍隊所攜武器必須交付借道國……。

記：什麼國際公法、國際私法的，三萬人的生死存亡全在您這一念之間，據說當時全越的法軍也不超過二千人。

黃：我雖然有三萬人，但既無給養亦無彈藥補充，無法作戰。

記：奇怪，您的第一兵團，原先在湖南衡邵地區，面對著中共七個軍力的直撲與包抄，也是在沒有給養與彈藥補充下，越過湖南半個省，廣西全境，退到桂越邊境。

黃：在中國境內，我可以就地徵餉、徵糧、拉夫……。

記：此時您管他媽的什麼「備忘錄」、什麼協定，大可武裝入越，無須向法方交出武器，進而以越南為退藏之地，對滇桂邊境從事游擊戰，造成「國中之國」；又何必自動繳械，做人俘虜。

黃：沒辦法啊！我必須遵守國際公法與備忘錄。

記：我現在才知道，為什麼人家稱您為「儒將」？

黃：不敢，不敢，大概是因為我從小受國學教育，會吟詩填詞，寫幾個毛筆字吧！

記：儒者孺也，柔也；優而柔之，不能當機立斷，為三萬官兵的生死前途做抉擇。

黃：你這樣說我，有失公平。

記：我請教您，您從桂南邊界「隘店」步行五〇〇公尺進入越北「峙馬屯」關卡，是什麼景象？

黃：只見碉堡數座，法軍沒有戍防所……。

記：出了峙馬屯向祿平前進時呢？

黃：部隊繳了械後，五〇〇人一組，沿公路步行，兩旁全是茂密的森林，每行三、四里，方見到法軍和裝甲車……。

記：顯然地，這些法軍是臨時調集前來看管你們的。

黃：我們的行列很整齊，在整齊的行列後面，許多斷臂、跛足、缺手、殘腿的榮軍，和一些鬚髮俱白的義民，不辭跋涉之苦……。

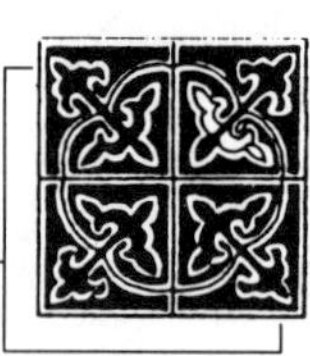

解繳武器・頓成俘虜

記：一個三萬人的作戰兵團，進入越南後成為徒手的難民行列……。

黃：法軍用專機，載著我和隨員何參謀一人，由諒山飛河內……。

記：待之如上賓，從事外交談判？

黃：他們把我安置在河內黃阿里文路二十五號一座兩層西式洋樓內。

記：他們給您住洋樓，吃法國大餐、開冷氣，還有人侍候……？

黃：該屋久無人居，四壁布滿蛛絲塵網；時值冬天，顯得異常冷落。晚上法方搬來了被褥寢具；同時進駐一班非洲黑兵，擔任我的警衛，三餐由法方供應……。

記：您在那兒住了幾天？

黃：從十二月十六到二十二日，我在那兒渡我的四十八歲生日。

記：您想得很美，這是法軍給您的下馬威——脫離部隊，軟禁一周。

黃：一個指揮官脫離了他的部隊，正如一個母親脫離她的孩子，真可說是神牽夢縈。

記：好說，好說！一個中將兵團司令脫離了他的部隊，就好比一頭猛獅被砍手砍腳，剃鬚毛一樣，只等挨宰剝皮了！

黃：我現在回想起來，好像有這麼一回事。

記：那您怎麼辦？

黃：我只有吟詩填詞，聊解無奈：〈鷓鴣天〉：「億萬生靈盡倒懸，神州無處不狼煙；誰知百阨千艱日，正是孤軍出塞年。 棲異域，受熬煎。更多羈緒到今邊。海天春訊終將到。勵此精忠鐵石堅。」

記：雖作楚囚困，仍對前程抱一絲希望，對於那為期七天的軟禁，作何感想？

黃：「初來異域，頓覺離奇。寄宿人空庭院，似侯門，深鎖重闈。蛛絲掛壁，堆塵滿几，陰雨霏霏。了不知南北與東西。鎮日裡，重衾獨擁，駒光過隙，抽針自補衣……」〈鎖重闈〉。

記：啊！您竟然落拓到要自己縫補衣裳，因而您想起您那下落不明的妻女……。

黃：隨軍女眷，於入越時，被法軍強制載走好幾卡車。

記：後來呢？

黃：隔了一段日子才送回。

記：法國黑人摩洛哥傭兵向來以粗野、無紀、好戰著稱，這批女眷無異羊入虎口矣！

黃：實際情形如何，我們也不得知！

記：據我所知，「不知」比「得知」好！

黃：「寄語深閨休念，將息扶床幼女，切莫傷悲。曾記否？去年今日，漢皋聚首，雪中呼炭醉酴醾……關山迢遞夜何其，思量淚暗滋。」〈鎖重圍〉。

記：您自個兒在河內做了海上蘇武——被軟禁在一個破落的二樓上，您的三萬子弟兵呢？難道您不關心他們的生死安危？

黃：十二月二十一日我鄭重地對法國駐越南北圻專員亞力山里將軍，表示：我的部隊不能脫離我的掌握，他們只知道假道回台，並不了解入越後遭受集中軟禁、失去行動的自由，這批久經戰陣的中國官兵，若無人節制，必將產生無法收拾的後果。

記：他們答應您去視察您的子弟兵！

黃：法軍指定宮門北邊的「蒙陽」與西邊的「來姆法郎」做為我軍的兩個集中區域。

記：換句話說是兩個集中營就是了。

集中營裡・慘不忍睹

黃：我的第一兵團所屬各部隊二萬人在蒙陽；其他第十、十一兵團在欽州被共軍截擊後的「散」兵，以及少數粵桂地方保安團的「游」勇，合計一萬多人集中在來姆法郎……。

記：他們依您所簽的「備忘錄」，受到國際公法的保障！

黃：蒙陽是個廢煤礦場，二次大戰時被盟軍炸毀，荒煙蔓草，杳無人煙，盡是一些殘磚破瓦，顯得滿目蒼涼，又適逢雨季，霪雨霏霏，半月不開，可說是七分蒼涼、三分淒苦……。

記：他們有得住嗎？

黃：兩萬多人不分男女老幼，全都擁塞在一塊狹窄的廢墟上，比肩接踵，利用僅有的被單、麻袋、包袱巾；一些竹枝野草，支個小棚，聊以蔽風雨……。

記：他們有得吃嗎？

黃：法方按國際公法，每人每天發食米四百五〇公克，少許腐臭發黑

的乾魚……。

記：四百五〇公克合中國秤才十四兩，只可做兩頓稀飯，勉強充饑而已。他們的飲水、柴薪呢？

黃：汲取海水來燒飯，柴火自己撿拾！

記：海水煮飯苦澀無比，如何下咽？簡直進入「穴居野處，茹毛飲血」的原始時代嘛！

黃：飲血？哪有豬血可吃？做夢吧！

記：越南雖處熱帶，但殘冬之際，早晚總免不了寒氣襲人。

黃：只好摘樹皮茅草作圍裙，或者燒火取暖，坐以達旦……。

記：飢寒交迫又無醫藥，傷亡人數如何計較？

黃：由輕病變重病，由重病趨於死亡，隔河小山丘上，不斷添新塚，望之令人心酸！

記：行的方面呢？

黃：法軍在營區四周，敷設鐵絲網，交通道路進出口，配置崗哨。黑鬼僱傭兵，不停的在營內四處逡巡，一越出廣場立即射殺，並藉故搜查官兵、婦女，凡隨身攜帶的鋼筆、手錶、銀洋、手電筒等「金」屬物，均被強制沒收……。

記：啊！

黃：也沒挖廁所，連糞便的排洩，也不准遠離廣場……

記：那豈不污穢不堪，遍地「黃金」。

黃：說的也是！真不是我當初所能想像的？

記：現在您後悔了罷：遵守他媽的國際公法；By the way. 說說那天您到營區「視察」的情形。

黃：當我的車子停在營區外，一步一步踏進那髒亂的廣場時，官兵與眷屬們見到我，又悲又喜的場景，有如失散的孤兒，驟然遇上了親人，剎時爆出一片哭聲，震撼了營區每一個角落，有如天崩地裂般！

記：那沈痛而又感傷，如喪考妣的場面，相信您永生永世難以忘懷。

黃：至今午夜夢迴，猶一身冷汗，深深烙印在我心頭。

記：您只「心」動沒有「行」動？

提出抗議・有所回應

黃：我回去以後，提出七點有關飲水、醫療、衛生的「備忘錄」請求

法方改善。

記：法方有「善意的回應」嗎？

黃：㈠法軍不再駐守於營區內，改駐營區外，除法方醫護人員外，未得本人或被授權之官員簽准外，一律不得進入營區騷擾；

㈡法方按日運送淡水，專供飲用；洗濯之水則自行承接山泉河溝之水；

㈢盥洗盆具，請自行將汽油空桶截半為之；

㈣撥發刀斧等工具，自行砍伐樹木竹林，自行營建房舍，自行採薪……。

㈤同意發還步槍二百五十枝，衝鋒槍二十五枝，用以自衛，以防越共襲擊。

記：總算安頓下來了；將軍呢？法方如何安頓您？

黃：「宮門」有個中華中學，介於蒙陽與來姆法郎之間。我的參謀和衛士住樓下；我住樓上。法方規定我非得許可不能離開此地……。

記：那也形同軟禁，您又開始作詩填詞了？

黃：「忽又傷離別，頻聞韅鼓催；淚先樽酒入孤杯，多少新愁都向醉

中來。」〈南歌子〉、「浩浩風波動客魂，漫勞誰教客裡過；兩鬢真如春後草，今年翻比去年多。」〈宮門除夕〉

記：你們在「宮門」待了多久？

黃：民國三十九年三月六日我在宮門的官兵，奉法方之命，抽調一千五百二十九人之先遣部隊乘艦南行。

記：目的地何在？

黃：法方事先不透露目的地，引起全體官兵一陣騷動。據我的判斷，既是南行，應該不會把我們送往大陸；而且一千五百人，只占我官兵總數的二十分之一，還不致於動搖我的主力。

記：您有什麼「主」力？您就這樣放心的讓他們走了。

黃：俗云：「不入虎穴焉得虎子！」何況整個情況都在他人掌握下，我們絕無置喙之地。直到四月五日，始接到先遣部隊指揮官成竹中將的報告：部隊已安全抵達富國島。

記：法國為什麼要把你們送往富國島？

黃：自我軍入越以後，中共總理周恩來即向法方放話，責備越南法軍，不應准我國軍入越。

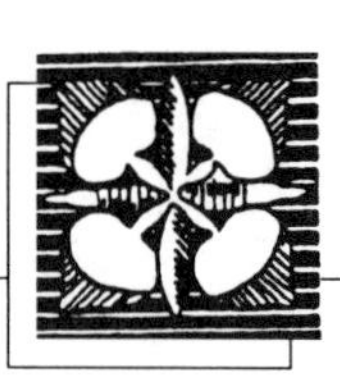

記：也許他們想要求法國把你們遣回大陸！

黃：越北戰事節節失利，法軍處於被動挨打地位，蒙陽與來姆法郎二個營區，又位於戰火邊緣，法國人既不能強迫送我們回大陸，又不敢送我們回台灣，只好按照國際公法的規定，選擇一個安全地方，集中軟禁我軍。

富國島上・生聚教訓

記：富國島是個什麼樣的地方？

黃：它位於西貢西南，是中南半島南端的一個小島，面積約六百平方公里。

記：島上很富庶嗎？不然為什麼叫富國島？

黃：島上土壤不佳，且多係沙質，不宜稻麥生長，以木薯及山芋為主，捕魚為業，全島人口約八千人，其中華僑百餘人。

記：為賦新詞強說愁，說島上鳥語花香，一片翠綠，有如世外桃源，總是錯不了的。

黃：十八世紀末，越南嘉隆皇與西山阮氏兄弟爭奪王位，不幸戰敗，率四臣子駕一葉扁舟飄到富國島，淬勵奮發，最後得以復興，隨著嘉隆王朝的復國，所以賜名「復國」或「護國島」

記：你們什麼時候到富國島的？

黃：自民國三十九年（西元一九五〇年）三月六日開始南遷，至同年八月底，全部運抵富國島分駐於島之南端的「介多」與島之西岸的「陽東」。

記：什麼時候離開富國島的？

黃：從民國四十二年（西元一九五三年）五月二十二日起分七批，以二十一艦次在一個月內運送完畢。

記：整整三年，連同在宮門地區的拘留，總共達三年半。

黃：實現我在越北蒙陽營區所許下的諾言：「我既然把大家帶進越南，我一定也會把大家帶回台灣。」

記：三萬多官兵回到臺灣後，您有給他們做妥善的安排嗎？

黃：我留越國軍管訓總處，下分三個管訓處。

記：聽說還有「第四管訓處」？

黃：哪有？

記：所有病死、餓死的足可納編為「第四管訓處」？

黃：……。

記：不提也罷。

回國安置・差強人意

黃：回國後，以營為單位，分別撥補海軍陸戰隊及陸軍各師，海軍及空軍亦撥補士官一批。

記：眷屬如何安置？

黃：在臺北、臺中、臺南、左營、花蓮等地建「富臺新村」妥善安置。

記：你們當年「寄存」在法軍手裡的武器呢？

黃：據法方告知：該批武器之陳舊者已送入兵工廠重鑄；新的部分，則已發交印支境內各法越部隊；目前無法收回，更趕不上時間交最後一批船運帶回。

記：只好不了了之了。

黃：這是身為軍人的我，感到最恥辱的一件事。

記：你們在越三年半，被居留這麼久，如何打發日子。

黃：有三分之二以上的時間都在闢建營地，整修房舍……，

記：據說你們在那兒建造了一座可容二千四百人的「世界第一大茅屋——中山堂」為總統蔣公祝壽。

黃：我們也建造醫院、倉庫、碼頭、橋樑和眷屬住宅等公共設施。

記：令法國軍方都感到驚訝，以為你們是工兵部隊。

黃：其餘的時間，我們都在從事「教」與「訓」的工作。

記：如何「教」法？

黃：原先的士兵大部分都不識字，三年內變成沒有一個不識字的，而且加強政治教育；設軍官訓練班加強軍官教育。

記：又如何「訓」法？

黃：入越國軍，如約保持著完整的軍事組織與指揮系統。

記：你們沒有武器，如何訓練？

黃：我們自己動手製木槍、木砲，每天按計劃操練不斷。

記：也真太難為你們了。**By the way!** 有人抱怨說：您的三萬多士兵，在集中營裡忍飢挨凍，衣不蔽體；而您卻在西貢，吹冷氣，喝香檳，吃法

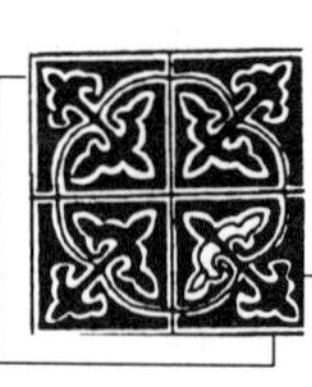

國大餐……有這回事嗎？

黃：我為三萬官兵爭取應享待遇（初期），為全軍轉運臺灣不斷地與法方交涉，以及與臺灣電訊往返（後期），勢必留在西貢時間較多。當然，這其中又免不了與法方有所應酬。

一生戎馬·不堪回首

記：您在越南三年半的辛苦是有代價的：回國後，您先後歷任臺北衛戍司令、陸總、警總、省主席、國防部長、戰略顧問等職，從中將、二級上將到一級上將……然後臥床十年，享壽九十四歲而亡，就只差沒幹上總統而已。

黃：這都是領袖一手的栽培！

記：人家蘇俄謝米諾夫等人內戰敗北，率領了五千個殘兵敗卒，在冰天雪地裡入侵蒙古，進而建立「布里雅特蒙古」、「唐努土文」、「東土耳其斯坦」、「外蒙古」等共和國；而你遵守「國際公法」，讓您三萬餘人的大部隊、被繳械、軟禁一千多個日子……

黃：可是我掛牌「留越國軍管訓總處」一心忠於領袖。每天不忘升青天白日旗，讀總統訓詞，高呼蔣總統萬歲，三民主義萬歲!!中華民國萬萬歲!!!而且堅此卓絕，帶他們回臺灣。

記：好一個現代海上蘇武！您休息休息吧！蔣介石最喜歡您這種「儒」將——換帖兼死忠的效忠於「最高領袖」；至於其他的——國家領土、袍澤前途，官兵生命，都不必管！標準的「死道友嘸的死貧道」。

黃：@＃&！

黑白歷史
詩人編

詩中有畫·畫中有詩
～王維訪問記～

盛唐詩人，自李（白）杜（甫）之後，一分為二：其一，以孟浩然、王維為代表的「田園山水」詩人；其二以高適、岑參為代表的「邊塞詩人」。他們把寫詩的視野，由宮廷外移至市井隱逸，從台閣下降至田園、山川與塞漠。他們不拘一格地抒寫著人生、描繪大自然，造成詩壇的大輝煌。而其中尤以王維為最。

王維（西元七〇一～七六一年），字摩詰，祖籍太原祁郡人（今山西省祁縣，在汾河上游）。其父處廉公為汾州司馬時遷居蒲州（今山西省永濟縣，瀕臨黃河）遂為河東人。

王維自幼慎思好學，九歲能詩文，十九歲應考京兆府，得中解元。二十一歲成進士，歷任太樂丞（皇家樂隊隊長）、右拾遺、監察御史、左補闕、給事中、尚書右丞，故後人稱他為王右丞。一路

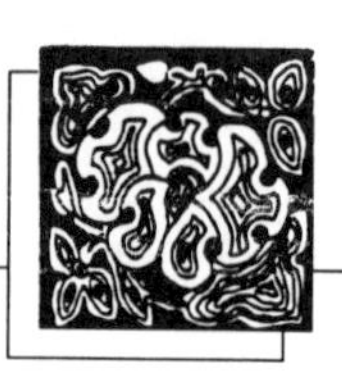

走來，官運亨通，名重一時……）可是他四十歲以後為何隱居「輞川」，投身佛門，以談玄為樂，他是真的「樂」在其中？還是苦中作樂？

名維字摩詰，天賦佛緣

記：摩詰先生，請接受記者的專訪。

王：有這個必要嗎？

記：您十六歲寫出〈洛陽女兒行〉樂府一首，有「誰憐越女顏如玉？貧賤江頭自浣紗。」名句。

王：我用西施浣沙典故，諷刺洛陽女兒的驕貴、豪華、奢侈……。

記：還有那首人人稱頌的〈九月九日憶山東兄弟〉……。

王：「獨在異鄉為異客，每逢佳節倍思親；遙知兄弟登高處，遍插茱萸少一人。」這是我十七歲那年離家遠遊思鄉之作。

記：您有幾個弟弟？

王：四個。他們是：縉、縪、紘、紞。

記：把作客異域的思鄉情愁，表露得質樸大方、深厚有力，實讓人有前無古人，後無來者之歎。

王：思鄉情切，兄弟如手足，有不得不發之勢。

記：尤其前二句：「獨在異鄉為異客，每逢佳節倍思親。」已成國人格言式的警句，千古傳誦。By the way 像您這樣的才華，科場一定早早得意。

王：您猜的不錯！我十九歲應考京兆府，中解元；二十一歲成進士。

記：從此進入仕途，一帆風順？

王：先任「太樂丞」。

記：這太樂丞是幹嗎的？

王：皇家樂隊隊長！

記：相當於現今國防部示範樂隊隊長。

王：後來因為伶人舞「黃獅子」牽累，被貶為濟州（今山東長清縣）司庫參軍。

記：你們那時也有「白色恐怖」？就因為一個團員的表現犯忌，您這團長就得「帶衰」。

王：誰說不是呢？避諱、顧忌的自古已然，只不過「於今為烈」罷了。

記：從此您在官場一蹶不振？

王：十三年後，張九齡為相，提拔我為右拾遺，監察御使。

記：您還不錯，十三年後逢貴人而後「鹹魚翻身」。

王：可是好景不常，我已近不惑之年。

政治惡鬥，進退維谷

記：俗語說「人生七十方開始」，你急個什麼？

王：原先我嚮往開明政治，傾向於積極，那曉得開元二十四年（西元七三六年）政黨輪替，政權轉移，罷張九齡相，口蜜腹劍專以騙選票出身的李林甫上任。

記：「上有政策，下有對策」，您是考試出身的，照幹您的事務官，又有何相干？

王：那曉得李林甫小人得志，氣焰囂張，自認為「希望」、「快樂」綠色執政，把我們先前的官員不斷的訓斥、羞辱為「舊官僚」。

記：黨爭鬥得厲害，望而生畏，深恐遭到池魚之殃。

王：所以我盡量避著少與「李相」發生衝突，一度請調出使塞上，任涼州河西節度使判官。

記：塞上好風光，遠離「政治低氣壓」中心，定然使您耳目一新。

王：「大漠孤煙直，長河落日圓」（〈使至塞上〉）就是這時候的作品。

記：千古傳頌名句，可遇而不可求啊！

王：開元二十七年（西元七三九年）我又回到長安任殿中侍御史。

記：再度捲入政治鬥爭的中心，正應了「人在江湖，身不由己」的千古名言。

王：我實在懶得過問政治，鎮日地打坐、燒香、念佛而已。

記：亞里斯多德說過：「人是政治的動物。」

王：壞就壞在你不想打理政治，可是政治卻時時刻刻「關心」著您。

記：您名維字摩詰，想來也是這個意思。

王：「維摩詰」（Vimalakirti）意即淨名、無垢。

記：您要效法維摩詰（與釋迦牟尼同時的大乘居士）一樣輔助釋迦教

主教化眾生。您這佛性是與生俱來的嗎？

王：先母崔氏篤信佛教，褐衣蔬食三十餘年，想來我是受到她老人家的影響。

記：像您這樣一個居家奉佛修行，您的夫人受得了？

一心禮佛，號稱「詩佛」

王：我三十歲那年妻子死了，自此未再娶，打光棍打了三十年。五十九歲那年，我乾脆在長安藍田附近買了一幢「輞川別墅」。在那兒隱居，每日與好友裴迪，舍弟王縉三人，往來住宿其間：奉佛、蔬食、喝茶；泛舟、彈琴、賦詩、詠歌。

記：您的《輞川集》就是這個時候的作品！我真的很羨慕你們那時的公務員，在不能避「人」之時，總可避「地」，甚而避「時」一番。現在台灣這麼小，一個政治颱風，無處不波及；不但現任公務員無處躲避，就算已退休人員，他也可以用18％優利率掐得你死死的，無日不在夢魘之中。

王：其實處在政黨轉移，青黃不接，晦明無定時刻，不如韜光養晦一番：或到陽明山上，或到外雙溪邊、或到淡江水畔，修修碩博士，待機而起！

記：對啊！就算不能東山再起，退居杏壇之後，罵長、批扁，說方（堃）、話圓（元）的，亦人生一大樂事。

王：我還因此博得「詩佛」之美稱。

記：與詩仙李白、詩聖杜甫，鼎足而三，揚名詩壇。

天寶為界，詩分兩期

記：接著請您談一談，創作詩的心路歷程。

王：在我六十歲的生命史中，我寫詩分三階段：二十歲中進士之前為一階段。

記：那是什麼樣的心態？

王：少年不識愁滋味，為賦新詩強說愁階段。

記：有那些代表作？

王：十五歲寫過〈過秦王墓行〉，十六歲寫〈洛陽女兒行〉，十七歲寫〈九月九日憶山東兄弟〉。

記：二十一歲考取進士，首任太樂丞，這時您可說是春風得意，躊躇志滿，大有一展雄才之勢。

王：不但雄心萬丈，熱情萬千，更由於親身體驗邊地涼州風光，寫了不少豪放、遊俠與邊塞為題材的詩篇。

記：如：「新豐美酒斗千斤，咸陽游俠多少年；相逢意氣為君飲，繫馬高樓垂柳邊。」（〈少年行〉）

王：「一身能擘兩雕弧，虜騎千重兵似無；偏生金鞍調白羽，紛紛射殺五單于。」（〈少年行之二〉）。

記：您的：「單車欲問邊，屬國過居延，征蓬出漢塞，歸雁入胡天；大漠孤煙直，長河落日圓，蕭關逢候騎，都護在燕然。」（〈使至塞上〉）。

王：此詩寫於開元二十五年，雖有豪壯雄偉之情，卻不無孤寂茫寞之感。

記：「一葉落而知天下秋」，詩人已嗅出政權從張九齡轉移至李林甫，唐時政治已由清明朝向浮滑昏庸之機。

王：出使歸來後，我已無意於仕途，長期過著半官半隱的生活，陶醉在如幻如影的夢幻中。

記：像：「紅豆生南國，春來發幾枝；勸君多採擷，此物最相思。」〈相思〉

王：還有我的〈伊州歌〉：「秋風明月苦相思，蕩子從戎十餘載；征人去日殷勤囑，歸雁來時數附書。」

記：我最欣賞您那首：「渭城朝雨浥輕塵，客舍青青柳色新；勸君更進一杯酒，西出陽關無故人。」太多的無奈在其中。

王：其實，我的〈老將行〉才是我一生的寫照，那才是我無可奈何的「天問」啊！

記：您指的是那首：「少年十五二十時，步行奪得胡馬騎……一身轉戰三千里，一劍曾當百萬師……。」

王：那是敘述我少年威勇時況。

記：「……自從棄置便衰朽，世事蹉跎成白首……路旁時賣故侯瓜，門前學種先生柳……」

王：中段敘我衰老廢棄而無用。

記：「……願得燕弓射大將，恥令越甲鳴吾君，莫嫌舊日雲中守，猶堪一戰立功勳。」

王：我多麼希望有朝一日政治清明，老而復出。

記：「惟草木之零落兮，恐美人之遲暮。」歲月之不饒大致如此！

王：「萬戶傷心生野煙，百官何日再朝天；秋槐花落空宮裡，凝碧池頭奏管弦。」（〈凝碧詩〉）我就這樣被斷送了一生的雄懷壯志！

詩中有畫・畫中有詩

記：不過蘇東坡說您：「味摩詰之詩，詩中有畫；觀摩詰之畫，畫中有詩。」也夠您值回「票價」了。

王：生我者父母，知我者東坡也！東坡不愧是我再造恩人。

記：「詩中有畫」一語我能領略！

王：吾人描繪山水景物，尋幽探勝之吟詠，即使你不刻意講求，只要是一首有意境的詩，自然就是一幅畫。

記：舉個例子說說看：

王：以我的〈山居秋暝〉為例：「空山新雨後，天氣晚來秋；明月松間照，清泉石上流。竹喧歸浣女，蓮動下漁舟……」就是一幅很棒的生活畫。

記：嗯！有彩色，有動，有靜，有冷，有熱……。

王：又如我的〈香積寺〉：「不知香積寺，數里入雲峰；古木無人徑，深山何處鐘。泉聲咽危石，日色冷青松；薄暮空潭曲，安禪制毒龍。」

記：妙極了！有聲，有色，還有禪意，十分耐人尋味。

王：還有我那首〈漢江臨汎〉：「楚塞三湘接，荊門九派通；江流天地外，山色有無中。郡邑浮前浦，波瀾動遠空；襄陽好風日，留醉與山翁。」

記：呂佛庭的「長江萬里流」也不過如此而已！

王：當然，我的〈隴西行〉、〈從軍行〉更是二幅戰畫。

記：壯闊雄偉，氣吞山河。

王：〈聞逆賊凝碧池作樂〉：「萬戶傷心生野煙，百官何日再朝天；秋槐葉落空宮裡，凝碧池邊奏宮弦。」

記：做成「四格動畫」，成為強烈對比，有血有淚，有無奈。

王：那是時代的悲劇！

記：是否再請教一下「畫中有詩」如何表達？

王：最重要的是「詩意」的捕捉。

記：譬如以〈一江春水向東流〉為題，我是否畫一條江滾滾而流，再加繪一個箭頭，然後在箭頭所指方向，寫個「東」字就得了？

王：俗得難耐，笨得可笑！

記：不然呢？

王：你只消畫一泓潺潺流水，水面浮著少許冰塊，沿岸花草新綠，在晨光綻開即可。

記：又如「野渡無人舟自橫」，我畫一空舟橫繫在江邊可不可以？

王：當然可以！不過你這畫是「死」的，若能再畫隻白鷺停船槳上，那就是所謂的「畫龍點睛」了。

記：謝謝您，摩詰先生！這下我懂了。讀了您的詩集後，方知您特別會作「落日餘暉」的「鏡頭」，我看李商隱「夕陽無限好，只是近黃昏」的詩句，是深深的受到您的啟示與影響的。

王：有這麼嚴重嗎？

記：看您的「大漠孤煙直，長河落日圓」，「渡頭餘落日，墟里上孤煙」，「高城眺落日，極浦映蒼山。」、「荒城臨古渡，落日滿秋山。」無詩不可以入畫。

王：還有我的：「遠樹帶行客，孤城當落暉。」，「谷靜泉愈響，山深日易斜。」……。

記：應該再給您一個「夕陽詩人」的頭銜。

王：不敢！不敢！

記：哈哈！哈哈！

夕陽無限好・只是近黃昏
～李商隱訪問記～

唐代為中國文學最為發達的時代，尤以詩歌為其特徵。究其原因有三：㈠受六朝（東吳、東晉、宋、齊、梁、陳皆定都於今南京建康，合稱六朝。）以來，聲韻學進步的影響；㈡唐初國家昇平，豐富了詩人們的生活經歷，擴大了詩人們的景觀眼界；㈢帝王的提倡與科舉考試賦詩，成為「宮掖」之風。

初唐的一百年是唐詩繁榮的準備時期，王勃、楊炯、盧照鄰、駱賓王所謂的「四傑」，詩文同工，講究的是辭藻綺麗，加上虞世南、上官儀、宋之問與沈佺期等貴族御用文人的歌功頌德，可說是承繼了齊、梁遺風。這其中只有陳子昂以古雅見稱，以〈登幽州台歌〉一掃頹風，有奪魏晉之風骨，變陳梁之俳優。

及至盛唐，李杜、高適、岑參，王昌齡、王之渙形成浪漫主義；王維、孟浩然、儲光義等形成山水田園隱逸詩派。

到了中唐，由元白的寫實主義，進而至韓柳、孟（郊）賈（島）等人特重文字的技巧與藝術的境界；到了晚唐成為「小李杜」（李商隱與杜牧）的唯美文學，真可說是在香豔的外衣下，更是充滿了神秘的情調，又回復到六朝時期的宮體色情。

李商隱（西元八一三年～八五八年）字義山，號玉溪生，懷州河內（今河南省沁陽縣）人。他出身於衰落的「大宅門」。他是唐太宗時被封為「英王」李世勣的裔孫，從曾祖父起，連續好幾代都是孤兒寡母，形單影隻，十歲時李父在浙西幕府病故，他與母親扶櫬回鄭州。從此，已到「四海無可歸之地，九族無可倚之親」的困厄地步。

這種累世孤寡、貧寒無依的家世，使他從小在心理上伏下悲劇性的基因；加上他以文才得令狐楚、綯父子（號稱牛黨）的賞識，得中進士，後又娶河陽鎮守王茂元（屬李黨）之女，辟掌書記，由於處於黨爭夾縫與人情冷暖之中，他被誣以「背恩」、「詭薄無行」、「放利偷合」而不得翻身。精神上受到痛苦的折磨，年紀輕

輕五十一歲就死了。

晚唐詩人・粉光斑爛

記：李先生，您好！請您接受記者的專訪！

李：我是「衰尾道人」，已經夠倒霉了，你又何必湊熱鬧，一再翻擾我的傷心往事呢！饒了我罷（give me a break）！

記：廣大的讀者群有「知」的權利，我們身為「媒體人」，有「告知」的義務，您就勉為其難罷！

李：從何說起呢？

記：讓我們談一談詩罷！眾所周知，您是晚唐唯美主義最偉大的詩人，做詩的技巧與辭句之工麗，無人能出其右。

李：唐詩的發展，約分四大時期，第一期為初唐時期。

記：有何特徵？

李：此一時期乃承繼齊梁之遺風，六朝纖麗之習氣未脫，其風調無可歌，其氣格未高，有如春蘭之蔚蕤，它完成了古律兩體的合流。

記：是北《詩》南《騷》的合流；換句話說：唐朝非但在政治上形成大一統，即在文風亦形成漢魏風骨與六朝麗辭聲韻南北相融合。那第二期呢？

李：盛唐時期有如夏荷的綻放：一方是清遠秀麗的王（維）孟（浩然）、儲光羲的田園山水；一方則是壯麗浪漫的邊塞詩人高適、岑參、王昌齡，而以「李杜之名高萬丈」有如眾星之拱月之完美。

記：那第三期呢？

李：中唐時期有所謂「大歷諸才子」處於大亂（安史之亂）後的失落感與嫉憤感。元（稹）白（居易）以詩為幾諫的「新樂府運動」，有如秋菊平易雅淡，孤傲挺立。

記：那第四期呢？

李：從李賀、小李杜（李商隱、杜牧）到溫庭筠，冷艷、綺麗，有如臘梅處處，極其幽艷晚香之韻動。

記：正是「夕陽無限好，只是近黃昏」的境地。

悲劇性格・兩不討好

記：請為熱情的讀者大眾，做個自我介紹如何？

李：我乃大唐開國名將李勣（他先被封為英國公，以後晉為王）之後。五歲誦經書，七歲弄筆硯，年十六即作〈聖論〉、〈才論〉等文，出刊行世。

記：有沒有受到時賢的看重？

李：為當時河陽節度使令狐楚所賞識，召我入幕，作為賓客，對我極為禮遇。

記：千里馬遇到伯樂，從此一帆風順才對。

李：可惜我考運不濟，屢試進士不第。

記：諸事俱備，只欠東風，只好任幕府「黑官」，那也是無可奈何的事兒！

李：令狐楚從河陽、歷天平、徙宣武三任節度使。

記：您也跟著「逐水草而居」游幕為巡官。

李：聊以餬口，談不到什麼作為；直到我二十五歲那年，高鍇知貢舉

（任主試官）我才得擢進士。

記：高鍇是您命中貴人，他跟您什麼關係？

李：他跟令狐楚的兒子令狐綯是「換帖兼死忠」的兄弟，才讓我上榜的。

記：這太誇張了罷，學術最神聖，考試最公平，如何做得了假？

李：不必做假，採「迂迴路線」總可以罷！

記：噢！我懂了！譬如說，大學聯考只考兩位數字的總分，照樣可以進國立大學！

李：怎麼進？

記：先考進「有收無類」的軍校，讀個一年半載的，然後運用關係以「適應不良」或「體格不合」為由，轉學入私立大學；夠「力」的話，還可進台大呢。不然嘛！報考戲劇或舞蹈、音樂、美勞、藝術等科系，反正術科考占百分之六十以上，也可以「暗渡陳倉」的。

李：沒有術科專長，進去以後，讀起來豈不「痛不欲生」。

記：沒關係啊！過個一年半載再轉系到韓語系、土語系、阿語系等鳥不拉屎、雞不下蛋的「稀有動物」語系，而且進一步通過外交學術「交流」

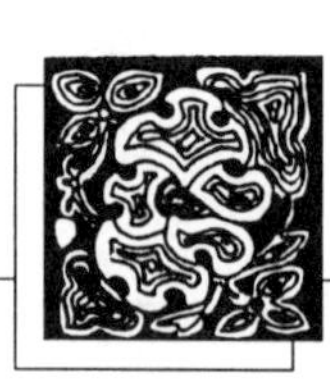

還可到外國拿碩士、騙博士。

李：我就這樣考上進士，任秘書省校書郎，後調弘農尉。

記：從此「釋褐」一帆風順。

李：那曉得在會昌二年，王茂元鎮河陽，推荐我掌書記，他看我一表人才，把女兒許配給我，升我為侍御史。

記：那好啊！金榜題名、洞房花燭，又有岳丈做靠山，豈不是一舉而三得？

李：王茂元父子與李德裕素善，是為「李黨」；但李德裕卻與李宗閔、令狐楚等「牛黨」為仇，形成牛李黨爭。

記：而您剛好夾在中間，兩面不討好，以致於宦途上受到打擊。

李：宦途嚴重被打擊不算，還對我個人進行攻擊；說什麼「無持操，恃才詭激」；還說我「詭薄無行，放利偷合」，幾乎所有字典上的壞字眼都給了我。

記：其實令狐綯與牛黨朋比為奸，排斥忠良，早為史家所鄙視。

李：所謂「良禽擇木而棲，良臣擇主而仕」也是個人在政治上的自由。

記：說的也是！就像一些「二軍」之士，投靠國民黨，國民黨不要；投親民黨，親民黨不屑；再投民進黨，民進黨也不感興趣。乾脆自組號稱「十三太保」的台灣蓮霧黨。

李：這本來就無可厚非的，但他們卻拿著雞毛當令箭，把「黨」的色彩擺前頭，在那個藩鎮割據、宦官專權，朋黨傾軋、階級矛盾充斥的時代，非把我們這些文人也「歸流納派」於某一個旗幟下，實在是很殘忍的事兒。

記：所以您的詩，雖感情豐富而強烈，卻又深隱而細微。

李：是嘛？

錦瑟一詩・千古莫解

記：就以〈錦瑟〉來說罷！

李：「錦瑟無端五十弦，一弦一柱思華年；莊生曉夢迷蝴蝶，望帝春心託杜鵑。滄海月明珠有淚，藍田日暖玉生煙；此情可待成追憶，只是當時已惘然」。這是我六百零二首近古體詩中，內涵最玄妙，意境最朦朧的一首。

記：生處一千二百年後的我們，讀了之後，覺得您的詩很美，真正令人有「詩的感覺」就是了；但是究竟您在寫什麼？我們「丈二金剛摸不著頭緒」，以致於各大學的中（國）文系碩、博士生研究再研究，也不過像是「瞎子摸象」一般，未能窺其全貌。

李：有這麼嚴重嗎？

記：譬如說「錦瑟無端五十弦，一弦一柱思華年。」您全然描寫瑟的彈奏過程，有如「莊生曉夢迷蝴蝶」樣的「適」；有如「望帝春心託杜鵑」樣的「怨」；有如「滄海月明珠有淚」般的「清」；有如「藍田日暖玉生煙」般的「和」。您把瑟的四大音樂特質，全然表露無遺！

李：這是「詠瑟說」！

記：又瑟本廿五弦，弦斷而為五十弦，「斷弦」者，亡妻也，您在五十歲那年，為紀念二十五年前，夫人去世的故事。這是一首悼亡詩。

李：這是「悼亡說」。

記：另一方面，您也可能藉錦瑟之斷弦，自述身世坎坷，懷才不遇，而且寫〈錦瑟〉那年您正好五十初度，自傷前途之無望。這是「自傷身世說」。

李：您答對了，我的詩如果您從這個角度切入，那就八九不離十了。

記：這麼會這樣呢？

李：「百無一用是書生」這是您知道的。

記：尤其您夾在牛李兩黨之間，進也不得，退也不能；政治與愛情兩兩失落。

李：牛黨罵我「無行」、罵我「背恩」，雖屢次陳情、交心、剖腹，也說不明白，講不清楚。

記：那您可以「帶槍投誠」全心全意的投靠李黨啊！

李：我很矛盾，被命運阻隔。恥於干謁求進，又不得不干謁求進；干謁的結果，又得不到人的援引。

記：您可以投效「李登輝學校」啊！

李：我處在一個難堪的世界裡。弄得一籌莫展、委屈難伸。

記：您可以在李黨面前，摟著夫人說：「太太，我永遠愛妳！」；在媒體前擁吻、熱吻您的夫人，喃喃自語：「冰清玉潔的好牽手，偉大的鋼，永恆的太陽，永圓的月亮！」

李：俗云：「受人點滴之恩，當湧泉相報」，那我又怎麼面對著牛黨

他們？

記：看在六年任期三公九卿之職位，薪水「摩老老」，退職金卡多、卡多。有什麼不可以啊？

李：我可以這樣沒格、沒品嗎？

記：難怪崔鈺替您叫屈：「虛負凌雲萬丈才，一生襟抱未曾開。」〈哭李商隱〉所以您把一切的無奈、感傷，投射於您的〈無題〉、〈詠史〉、〈詠物〉之中，形成千古「詩謎」。

李：有史以來，陶淵明最有格、最有名，最後落得喝西北風，望南山而死。

感歎身世之章

李：就像我的〈初食筍呈座中〉：「嫩籜香苞初出林，烏陵論價重於金；皇都陸海應無數，忍剪浮雲一寸心。」你知道我在表達什麼？

記：「無肉令人瘦，無竹令人俗」，筍絲炒肉絲乃天下之美味，您初嘗此一「私房菜」不忍獨享，所以特別推荐這道「名菜佳餚」，給您的長官。此類「詠竹詩」我看多了，白樂天寫過，黃山谷、蘇東坡也寫過。

李：吳下阿蒙之見，俗不可耐！你可知道竹象徵君子嗎？那小小初出土的「寸心」，未嘗沒有那種凌雲壯志、一柱擎天的豪情壯志。你這凡夫俗子怎「忍」心為了貪口腹之欲，「剪」掉遮風擋雨無數的「嫩」心，炒做一盤，龍虎饕餮，杯盤狼藉而去！

記：現實的冷酷，身世的辛酸，莫過於此。原來是詩人境遇的寫照啊！

李：還有我的：「宣室求賢訪逐臣，賈生才調更無倫；可憐夜半虛前席，不問蒼生問鬼神。」（〈賈生〉）、「青雀西飛竟未回，君王長在集靈台，侍臣最有相如渴，不賜金莖露一杯。」（〈漢宮詞〉）。

記：這都是您感歎身世，用意精妙之作。

李：還有〈柳〉：「曾逐東風拂舞筵，樂遊春苑斷腸天；如何齊到清秋日，已帶斜陽又帶蟬。」

記：昔榮今枯的秋柳，不正是詩人自傷的寫照，喪妻悼亡，政治失意，兩兩落空，不禁悲從中來。

李：我的〈暮秋獨遊曲江詩〉：「荷葉生時春生恨，荷葉枯時秋恨成；深知身在情常在，悵望江頭江水聲。」

記：這詩與其是：「說艷情」、「說悼亡」；不如說是對生命的感慨來得直接。

李：像〈杜司勳〉：「高樓風雨感斯文，短翼差池不及群；刻意傷春復傷別，人間唯有杜司勳。」

記：在評杜、讚杜之中，更借機自傷、自殘一番。

李：「江風揚浪動雲根，重碇危檣白日昏；已斷燕鴻初起勢，更驚騷客後歸魂。漢廷急詔誰先入，楚路高歌自欲翻；萬里相逢歡復泣，鳳巢西隔九重門。」（〈贈劉司戶蕡〉）

記：您藉一個得罪被貶的劉司戶，來抒發自身的牢騷。

詠史評政．愛國忠君

李：〈隋宮〉：「乘輿南遊不戒嚴，九重誰省諫書函？春風舉國裁宮錦，半作障泥半作帆。」、〈北齊二首〉：「一笑相傾國便亡，何勞荊棘始堪傷；小憐玉體橫陳夜，已被周師入晉陽。巧笑知堪敵萬機，傾城最在著戎衣；晉陽已陷休回首，更請君主獵一圍。」

記：就像您的〈無題四首〉：「何處箏等隨急管，櫻花永巷垂楊岸，東家老女嫁不售，白日當天三月半。溧陽公主年十四，清明暖後同墻看，歸來展轉到五更，梁間燕子聞長嘆！」借隋煬帝的侈淫無度與北齊後主高緯的荒淫亡國事，譏刺當今國主之無能、不進人才之狀。

李：我的〈華清宮〉：「華清恩幸古無倫，猶恐蛾眉不能人；未免被他褒女笑，只教天子暫蒙塵。」，而「北湖南埭水漫漫，一片降旗百尺竿；三百年間同曉夢，鍾山何處有龍盤。」更是直指唐玄宗、東吳孫皓降晉的事實，由「懷古」而引入「傷今」了。

記：我們都誤會了您，以為您的詩只有清麗的意象與柔美的情思。

李：把我列為「唯美主義」派，香豔、煽情兼而有之，其實我是個護國忠君的「愛國詩人」。

記：可是您的詩中卻充滿著「月亮」與「女性」、「情愛」之題材。諸如有名的〈無題〉：「相見時難別亦難，東風無力百花殘；春蠶到死絲方盡，蠟炬成灰淚始乾。曉鏡但愁雲鬢改，夜吟應覺月光寒；蓬山此去無多路，青鳥殷勤為探看。」還有〈樂遊原〉：「向晚意不適，驅車登古原；夕陽無限好，只是近黃昏。」；「月色來侵幌，詩成有轉櫺。」〈寄太原盧司宮三十韻〉；「清月依微香露輕，曲房小院多逢迎。」〈偶題〉。

李：還有我的「只將滄海月，長壓赤城霞。」〈病中聞河東公……口占寄上〉……；「雲母屏風燭影深，長河漸落曉星沈；嫦娥應悔偷靈藥，碧海青天夜夜心。」（〈嫦娥〉）。

記：您到底投射什麼？

李：我在牛李兩黨黨爭之下，沈淪下僚、「官」不聊生，有志不得伸，您叫我如何？

記：窮極喊爹！痛極呼娘！如此而已。

李：爹娘不應，老天沒眼呢？

記：真有那麼嚴重嗎？

李：只有「星星知我心」，「對月成三人」。

記：訴之於內在形象（inner figure）的「阿尼瑪」（Anima）了！以冀獲得撫慰補償了。

李：此情可待成追憶，只是當時已惘然！

記：Formosa！亞洲的孤兒，聯合國的閉門客！爹不疼、娘不愛的。何不讓我們去「追星」、「奔月」、「跨日」。

李：這也是一種夢想！

記：是幻想，但總比口水戰，騎在人民頭上，大眼瞪小眼的格調來得高一點。

金戈鐵馬的民族詩人
～辛棄疾訪問記～

翻開一部中國歷史，堪稱文武雙全的大將才，實如鳳毛麟角之稀。秦皇漢武固然「略輸文采」；唐宗宋祖或許「稍遜風騷」；李後主、宋徽宗雖在詞壇書藝大放光彩，卻落得亡國滅種之君，至於「李民主」「陳台子」也只是狗掀門簾——全憑著一張雞婆嘴，混淆視聽，翻江倒海。

身兼金戈鐵馬豪傑之士與歷史頓挫的愛國詞人辛棄疾，是記者急於訪談的民族英雄。

辛棄疾不僅是宋詞大家之一，也是一位忠義慷慨之士。他生於宋金淪陷之交，二十三歲奉表南歸。他的南歸在於驅逐金人，收復中原；但在南歸之後，卻扼於時勢，未能完成夙志，他的忠義鬱勃之氣，發為詞章，成為屈原、杜甫之聲。

詞乃詩之餘

記：大詞人！今天可巧，讓我逮個正著，可否應廣大熱情讀者的要求，談一談您的專長——詞。

辛：詞乃詩之餘，又叫長短句。

記：為什麼有這一說法呢？

辛：我們知道唐朝可說是一個「詩」的發皇時代，無論七律、五絕、五律、七古及五古，到了李、杜時已達登峰造極之勢。

記：已進入一個有所變，有所不變的勢面。

辛：及至白居易遂有五十篇「新樂府」體的出現。

記：新樂府是一種諷諭類、閒適類的詩作。

辛：它是一款瀟脫、鏗鏘的白話敘事詩。

記：你不寫白話詩，一般人看不懂，就失去了諷諭的意義。

辛：詩體就在這種狀況下，被「解放」出來了。

記：有不得不為之勢。

辛：因而，新樂府的要求有五：㈠求質：平民大眾化；㈡求真：不無

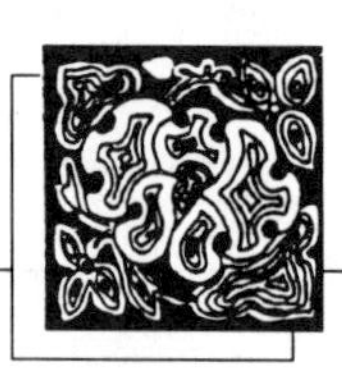

病呻吟；㈢求直：不委婉敘述；㈣求實：有事實根據；五、求順：可歌可唱！

記：這是白居易首創的嗎？

辛：非也！「樂府」本官署之名稱，始立於漢武帝時，旨在蒐集民間歌謠加以保存，這是詩歌最古舊的一體。

記：到了白居易為什麼又有「新樂府」之作？

辛：白居易處於中唐一個最紛亂的時代。

記：在我的印象裡唐朝是強大的，是無瑕的，怎麼會這樣呢？

辛：唐朝自天寶安史亂後，進入一個最紛亂的時代，國事幾不可收拾！

記：有這麼嚴重嗎？

辛：朝中有朋黨之爭，宮中有宦官之禍；境內有藩鎮之亂，境外有吐番、回紇之憂……；歷史上有過這樣的亂象嗎？

記：怎麼會沒有？只不過「自古已然，於今為烈」罷了！

辛：何以見得！

記：君不見，如今有藍、綠、橘、黑，朋黨之爭，有府院政策之爭，有美、日之誘，有英、法之迫，還有對岸的文攻武嚇。

辛：白居易的五十篇「新樂府」，就在這種惡劣環境下應運而生的。

記：這也是文人報國途徑之一。

辛：誰說不是呢？這新樂府經過五代到宋，漸漸演變為詞了。

記：詞可說是兩宋（北宋、南宋）的時代文學，又有那些偉大的詞人？

辛：北宋以晏殊，晏幾道父子及歐陽修為主……。

記：南宋則以辛棄疾與姜夔為大宗；另外還有朱淑真、李清照兩女詞家。您現在就先自我介紹一下吧！

家學淵源·祖孫相承

辛：我名棄疾字幼安，山東濟南歷城人。

記：為什麼取這樣的名和字？

辛：大概我小時候體弱多病，難以養育，所以就取了這個名字，以期保平安，為了有個安全的幼年，當然要去除病魔了。

記：您的名字取對了，可是我的名字卻孤負了老父的期望。

辛：何以見得？

記：廷一！廷一，朝廷中的第一人，他多麼希望我能當總統啊！結果給阿扁兄搶去了，也只有徒喚奈何而已。

辛：我生於西元一一四〇年。

記：那是個什麼年代？

辛：那是宋高宗十年，也就是金熙宗天眷三年。

記：換句話說，您寧願做宋室遺民，也不願做金朝順民。

辛：我十四歲中鄉薦，二十一歲中進士，但在我祖父辛贊公的教導下，立志要做大宋人。

記：在異國統治之下，有「鹹魚翻身」的機會嗎？

辛：紹興三十一年（西元一一六一年）金主亮南征失敗，死在瓜州，北方義民紛紛起義……。

記：準備策應「國」軍的反攻河洛。

辛：時有耿京者聚集山東忠義軍，占據了東平府，自稱「天平軍節度使」。我號召了二千人前往投效，任隨軍書記官。

記：你們成為宋、金之外的「第三勢力」？

辛：紹興三十二年耿京聽說宋高宗自臨安北赴建康（今南京）勞軍，有北伐之象，便遣我為使，南下謁高宗於建康。

記：您見到了那個不以國家為重，而以王位為己念，殺岳飛的趙構？

辛：高宗詔授耿京為「天平節度使，知東平府兼節制京東、河北路忠義軍馬」……。

記：這麼長的頭銜？有用嗎？

辛：現成的錦上添花，聊勝於無。

記：那還不如封個「全國不分區立委」來得好，至少每月有五、六十萬油水好揩。皇上有沒有派軍北伐？

辛：他派了個特使隨我賚奉誥命北上；不料回到山東時，耿京所部忠義軍，瓦解叛變……。

記：怎麼會這樣呢？豈不白忙一場。

辛：耿京的部將張安國殺死耿京，叛降於金……。

記：那您怎麼辦？前不著店，後不搭村的，兩頭落空，進退維谷。

辛：我火大了，率領一隊義兵，奮不顧身的殺入金營，活抓張安國，將之俘解至宋朝軍營。

記：有這麼神勇的事？那可是震古鑠今，曠古未有的事兒。

辛：高宗嘉獎我的忠勇，任我為江陰僉判，並詔斬張安國於市。

落根南方・北伐落空

記：您原本到南方是要促使「國」軍反攻的聖戰，以與中原義軍結合，光復神州的；結果皇上一味兒的安撫您，讓您當湖北、江西、湖南、福建、浙東等地的安撫使，甚至官到龍圖閣兵部侍郎。

辛：就是不讓我領軍北伐！

記：他們為什麼要這樣？不獨！不統！不和！不通的？是精神有問題？還是「阿打媽控固力」！

辛：您用肚臍眼想就知道了！如果用武力統一北方，像岳飛那樣誓必「收復兩京，迎回二帝」，那高宗豈不要交出王位，做個失業的王爺；那「大宋帝國在建康」也就沒有戲可唱了。

記：如果進行三通和平統一的話，不也是很好啊！

辛：和平統一的話，金大宋小，金強宋弱。金受到元、遼、朝鮮、日本各國的國際承認，宋沒有人承認只好屈居於「小老二」了。

記：所以「大宋帝國在建康」的頭頭們寧願拖死狗，苟延殘喘下去，置人民死活於不顧，置「宋商」於不顧。

辛：一句話，這些政治人物莫非水扁（水本來應該是平的）！心偏！腦歪！

記：您就這樣在南方鬱卒了四十五年，「男兒到死心如鐵，看試手，補天裂」的志向，從此落空了。

辛：有什麼辦法，偏偏我出生在一個「會而不議，議而不決，決而不行……」的兩岸（長江）高峰談判的時代。

記：是嗎？

辛：我出生的第二年有「紹興和議」（西元一一四一年），我二十五歲時有「隆興和議」，而我死的那一年正籌備「開禧和議」（西元一二〇八年）。

記：這真是個談判的時代！宋高宗有沒有邀金兀朮，到大膽島，喝烏龍茶。

辛：真能談就好了，怕只怕借喝烏龍擺人家「烏龍」，「作秀為外交之本」，誤盡天下蒼生。

棄疾自秋初去
國倏忽見冬
詹詠之誠朝夕不替第緣驅馳到官即專意督捕日從事於兵車羽檄
間坐是倥傯略亡少暇
起居之問缺然不講非敢懈怠當蒙
情亮也指吳會雲間未龜
合并心旌所向坐以神馳
右謹具
呈
宣教郎新除秘閣修撰權江南西路提點刑獄公事辛棄疾劄子

*辛棄疾手迹（見《雍睦堂法書》）

記：這是青年守則第十三條嗎？

失之桑榆・收之東隅

記：您曾經上條陳給皇上嗎？這也是書生報國之道啊！

辛：我在湖南安撫使任內，創置「飛虎軍」雄鎮一方，為江上諸軍之冠。

記：皇上還是沒有採納？

辛：我先後上過〈美芹十論〉和〈九議〉等一系列的疏奏，審時度勢，力陳復國方略、建國大綱。

記：何謂美芹十論？

辛：那是我在西元一一六五年，上呈宋孝宗的劄子，是對金的戰爭理論與收復中原計劃。

記：一共有十編？

辛：審勢第一；察情第二；觀釁第三；自治第四；守淮第五；屯田第六；致勇第七；防徵第八；久任第九；詳戰第十。

記：那又何謂「九議」？

辛：九議可說是兵法、戰法。

記：也有九章？

辛：其一恢復之道；其二主氣；其三論戰之道；其四知彼己之長短；其五兵謀；其六論謀而後戰；其七富國強兵；其八建都；其九論私戰不解則公戰廢。

記：他們全不理會您。

辛：我還寫過「中興五論」。

記：是那五論。

辛：(一)中興論；(二)論開誠之道；(三)論執要之道；(四)論勵臣之道；(五)論正體之道。

記：他們埋首在「談戰色變」的鴕鳥沙堆裡，他們寧願劃水（長江）為界，過其「大宋帝國在建康」的小朝廷生活。

辛：這是歷史的悲劇，累積了無數的困頓與無奈啊！

記：您書空咄咄之際，除了借酒澆愁外，只好訴之於詞章；您成了有宋一朝最有名的愛國詞人了。

辛：我原本立志做個經國濟民的軍事家與政治家，那曉得最後「了卻君王天下事，贏得生前身後名」，竟落得成為「壯夫不為」的區區詞章。

記：「失之桑榆，收之東隅」總是不幸中之大幸。

辛：咳！「文章千古事，得失在寸心」，很難說噢！

記：現在就讓我們談談您的作品罷！

青壯年時期

辛：我二十三歲南歸到四十二歲罷官(西元一一六二年—一一八一年)為止，二十年間是我的游宦時期。

記：身在官場，不免憂國憂民，多有豪放、悲壯之作。

辛：像「楚天千里清秋，水隨天去秋無際，遙岑遠目，獻愁供恨，玉簪螺髻。落日樓頭，斷鴻聲裡，江南遊子，把吳鉤看了，欄杆拍遍，無人會，登臨意。 休說鱸魚堪膾。儘西風、季鷹歸未？求田問舍，怕應羞見，劉郎才氣。可惜流年，憂愁風雨，樹猶如此。倩何人，喚取盈盈翠袖，搵英雄淚！」(〈水龍吟〉)。

記：在滾滾長江的蒼涼背景下，凸現出孤寂愛國、壯志未酬的形象。

辛：像「鬱孤台下清江水，中間多少行人淚，西北是長安，可憐無數

山。　青山遮不住，畢竟東流去，江晚正愁予，山深聞鷓鴣。」（〈菩薩蠻〉）。

記：借水用情，由水而淚，進一步的借水怨山，翻騰出四十年的國仇家恨，把您的豪壯悲情躍然紙上。

辛：「何處望神州，滿眼風光北固樓，千古多少興亡事；悠悠，不盡長江滾滾流。　年少萬兜鍪，坐斷東南戰未休，天下英雄誰敵手；曹劉，生子當如孫仲謀。」（〈南鄉子〉）。

記：您是多麼渴望「大有為的政府」能振衰起弊，光復神州，解救同胞，不再混吃等死。

辛：「千古江山，英雄無覓，孫仲謀處，舞榭歌台，風流總被，雨打風吹去。斜陽草樹，尋常巷陌，人道寄奴曾住。想當年：金戈鐵馬，氣吞萬里如虎。　元嘉草草，封狼居胥，贏得倉皇北顧。四十三年，望中猶記，烽火揚州路。可堪回首，佛狸祠下，一片神鴉社鼓。憑誰問：廉頗老矣，尚能飯否？」（〈永遇樂〉）。

記：政治頭頭們，只想苟安太平，無意於國家長治久安之計，也只有徒歎奈何而已。

辛：我努力作詞，奮力表達：我有話要說！

記：您這樣肆無忌憚的高歌「金戈鐵馬，氣吞萬里如虎」您不怕過分突兀而得罪人。

辛：果然在我四十二歲那年（西元一一八一年，孝宗淳熙八年）被台臣王藺參劾罷職；之後的二十年當中，我浮浮沉沉，總有十八年足不出戶的歸隱在家。

記：他們用什麼名目彈劾您？

辛：他們一會兒說我「贓污姿橫，唯嗜殺戮」，一會兒又說我「好色貪財，淫刑聚斂」。

記：欲加之罪，何患無詞？您是否在辦公室包養了個漂亮助理。

辛：當豪傑之士一籌莫展時，只有兩條出路。

記：那兩條？

辛：一是醇酒美人；二是山水園林。我在上饒有座「帶湖新居」，擁有整整、錢錢、田田、飛卿等四個美妾。

記：您從此徜徉山水，周旋於醇酒美人之間。

寄情田園、流連山水

辛：我追慕陶淵明，寫下了大量的田園詞、山水詞與閒適詞，以圖超塵脫俗於世外桃源之中。

記：可是您每每不能自已，吞吐您那鬱悶不平之氣，總還希望能扭轉乾坤。

辛：像我的：「進退存亡，行藏用舍，小人請學樊須稼。衡門之下可棲遲，日之夕矣牛羊下。　去衛靈公，遭桓司馬，東西南北之人也，長沮桀溺耦而耕，丘何為是栖栖者。」（〈踏莎行〉）。

記：失意之餘，以孔仲尼自我調侃一番，另是一番心酸；對了，您自號稼軒，是否也始自此時？

辛：人生在勤，當以力田為先，故以稼名軒……。

記：居稼軒、號稼軒，而志不在稼軒。

辛：您讀我的詞，真可說讀到家了。「不向長安路上行，卻教山寺厭逢迎。味無味處求吾樂，材不材間過此生。　寧作我，豈其卿，人間走遍卻歸耕，一松一竹真朋友，山鳥山花好弟兄。」（〈鷓鴣天〉）。

記：也只好這麼自我解嘲一番了！

辛：「少年不識愁滋味，愛上層樓，愛上層樓，為賦新詞強說愁。而今識盡愁滋味，欲說還休，欲說還休，卻道天涼好個秋。」（〈醜奴兒〉）。

記：好詞，好詞。千古絕唱！

辛：我強吞了這一生的無可奈何。

記：是血！是淚！是汗的嘔心瀝血之作。

辛：「萬事雲煙忽過，百年蒲柳先衰；而今何事最相宜？宜醉宜游宜睡。　早趁催科了納，更量出入收支，乃翁依舊管些兒，管竹管山管水。」（〈西江月〉）。

記：大詞人，您安息罷；至少您還有三宜三管；我卻只有三毒（台毒、煙毒、黑金毒）三不通！

辛：百藥難醫書史淫〈鷓鴣天不寐〉，同是天涯淪落人。

記：嘿！嘿！嘿！

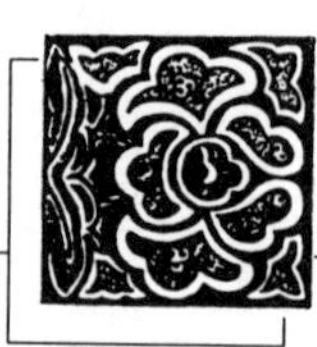

憂時憂民・至死不渝
～陸游訪問記～

老子曰：「大道廢，有仁義；智慧出，有大偽；六親不和，有孝慈；國家昏亂，有忠臣。」《道德經第十八章》。南宋末紀，忠臣義士之多，正應證了老子名言。

陸游生當南、北宋交替之際，正是河山破碎，北土沈淪。遼、夏、金與蒙古鐵蹄交相蹂躪之時，他苟延殘喘於民不聊生之中，無可奈何的以「放翁」自號。最後，他逝世於「但悲不見九州同」的兵荒馬亂中。

放翁是位偉大的愛國詩人，也是一位多產作家，在他留存的一萬四千多首的詩作中，他能別樹一幟，用血、用淚、用汗，表白出他自己創作的特有性格。

他義氣豪邁，常欲有所作為而不能。他寫詩的風格，頗似唐代杜甫，有著「致君堯舜上，再使風俗淳」經國濟民的偉大抱負。

今天記者逮到機會，一訪「死去原知萬事空」的絕筆詩人——陸放翁先生。

五世業儒書有種

記：今日有幸，一訪國史上最偉大的愛國詩人陸游先生。陸游先生，您好！請跟熱愛您的讀者問好。

陸：我姓陸名游，字務觀，號放翁。

記：這名、字跟「號」之間，可有特別玄機或典故？

陸：我生於宋徽宗宣和七年（西元一一二五年）。

記：您說的徽宗可是那個會畫畫，寫得一手「瘦金體」的風流天子趙佶先生？那年可是什麼黃道吉日年？

陸：正是，那年金人南下，遼國西遷，接著渡黃河圍汴京，政府南撤。我就出生在南渡淮水的行舟中。

記：紀念這段顛沛流離，「游」北走南的日子，可是為什麼要「務觀」

呢？

陸：我母生我時，曾夢見名噪一時的才子秦少游。

記：就是那個蘇軾的朋友秦觀字少游的。

游：家父陸宰先生便以「秦名為字，而字其名」了。

記：您在詩中自述「五世業儒書有種」（〈閑遊〉），想來令尊也是官宦世家。

游：我父曾任「朝奉諸大夫，直秘閣」，權發遣淮南計度轉運副使。紹興年間始建秘閣，求天下遺書，凡萬三千卷有奇。有《春秋後補遺》等書，年六十卒，贈少師。

記：相當於現今國家圖書館館長就是了。

陸：不敢說！

記：至少是當時有名的圖書收藏家，能在亂世為國家保存典章圖籍，有功於文化事業，所以才得以封少師；您祖父呢？

陸：我祖父陸佃是王安石的學生。

記：王安石推行新政時，一定大大的受用！

陸：他不以新法為是，未受王安石的重用。

記：聽說他在徽宗時，任尚書右丞相。

陸：當時主流派為新黨，少數元祐舊黨發揮不了作用。

記：他身為尚書右丞相，都「無力可回天」？

陸：那時候的政府軟弱無能，人民望治心切，崇尚改革，一心只望「政權轉移」，「綠色變天」，什麼也顧不得。

記：最後您的父親，只好像唐飛那樣——百日內閣，下台了事。

陸：最後他罷知亳州，鬱卒而死！

記：他總算還有知州可幹，免於挨餓！阿港伯、郝柏村、唐飛可是在家喝西北風，寫了《無怨》、《無悔》、《誠信》等，像磚頭一樣厚的書，也賣不了幾個子兒！

陸：政治真是個無底深淵，自古以來不知害煞了多少英雄豪傑。

記：孟子曰：「殺人以挺與刃有以異乎？」

陸：都沒有政治的「無形之刃」來得厲害！

記：怎麼說？

陸：殺人以挺與刃，只死一人，一家哭而已！

記：政治殺人則是一路哭，全國哭！全球哭！

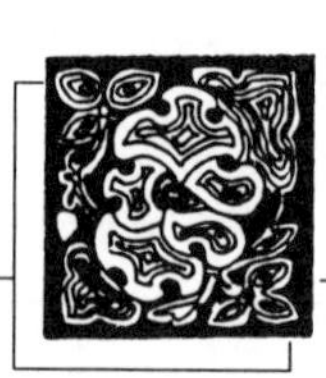

陸：哭饑饉！哭失業！哭股市崩盤！哭無奈！哭政府無能！

記：哭五顏六色的黨！先哭「紅」黨、再哭「藍」黨，現在哭「綠」黨！將來再哭「黃」黨、「橘」黨、「黑」黨……。

陸：總之，一群「尚黑」人士，各領風騷若干年，弄得雞飛狗跳、民不聊生。

顛沛流離・憂患童年

記：說說您小時候的事兒罷！

陸：建炎年間，前後四年（西元一一二七～一一三〇年），由於金兵南犯，我的童年（一至六歲）是在逃難中過日子。

記：到了紹興年間，定都臨安（今杭州）後，應該有一段喘息太平的日子。

陸：尤其是紹興十年（西元一一四〇年），金人內爭，劉錡、岳飛分別打了兩個勝仗。

記：這正是「反攻復國」，一舉消滅敵寇的大好時機。

陸：哪曉得宰相秦檜認為這偶然的勝利不足為恃，仍然主張議和，成立了所謂的「紹興和議」。

記：將士用命，既然打了勝仗為什麼又要議和。

陸：宰相是文官，當然要主和，只要和談一開議，割地賠款之餘，「油睡睡」！Commission 滾滾而來，何樂而不為？

記：江山是趙家的，那皇上為何也主和，難不成他不想完成「祖國統一大業」。

陸：岳飛主張「收復兩京（燕京與汴京），迎回二帝（徽宗與欽宗）」，一旦完成了「祖國統一大業」，高宗趙構勢必把王位還給欽宗趙桓了。

記：所以高宗寧願以屈辱的條件，保存小朝廷於東南。

陸：標準的「置國家民族興亡於不顧，以個人稱孤道寡為已足。」的心態。

記：套句成語叫做「寧為雞前，不為牛後」，在美、日的卵翼下做個提心吊膽的「臺灣王」。真爽！

陸：當時一般的愛國志士，無不痛心疾首。每言及國事，或裂眥嚼齒，或痛哭流涕……。

記：由於童年的親身經歷，加上令尊的身教、言教，對您日後的影響一定很大。

陸：我自幼即立下「少年喜讀書，事業期不朽」之志向，「上馬擊狂胡，下馬草軍書」（觀〈大散關圖〉有感）是我的雄心。

記：既然有志報效朝廷，從何入手？託人情關說？憑令尊的關係？

陸：捨讀書應考之外，別無他途！

記：您如何苦讀？

苦讀成進士、仕途卻坎坷

陸：「高梧策策傳寒意，疊鼓鼕鼕迫睡期，秋夜漸長飢作祟，一杯山藥進瓊糜」〈秋夜讀書每以二鼓盡為節〉。

記：您除了白天苦讀外，每晚都讀到二更天（十一點），此時萬籟寂靜，只聞得窗外梧桐枝葉沙沙聲以及報更人的鼕鼕鼓聲，偶而也喝碗「番薯糜」當消夜。

陸：「天涯懷友月千里，燈下讀書雞一鳴」（〈冬夜讀書忽聞雞唱〉）。「寓世已為當去客，愛書更付未來生，夜闌撫几愁無奈，起視離離斗柄傾。」（〈春夜讀書〉）。

記：您有時讀到後半夜，月轉星移時刻；有時甚至讀到雞鳴天亮時際。讀書對您不祇是消遣，簡直如痴如狂！

陸：「青燈耿耿夜沈沈，掩卷淒然感獨深。恤緯不遑嫠婦歎，美芹欲獻野人心。」（〈讀史〉）。

記：為什麼有時也不免掩卷長歎？

陸：我一生愛書，飲食起居、臥病呻吟，憂國憂民、閒話桑麻均在「書巢」內，恐老來變一書蟲。以致報國有心，請纓無路！

記：尋科舉之道從政之路也夠坎坷了，還不如競逐立委算了；花個五、六億元報效給黨中央，買個「全國不分區立委」，不費吹灰之力。

陸：這簡直是「有錢的王八是大爺」嘛！

記：誰說不是呢！對了！您這樣子的苦讀，不怕積勞成疾，讀出病來！

陸：「病裡猶須看周易，醉中亦復讀離騷。」（〈讀書詩〉）。

記：這「易經」真是博大精深還能治病；屈原作的「離騷」還可解千日醉。我可是聞所未聞，見所未見啊！

陸：總之：「老勤猶欲與書鏖塵」（〈冬夜讀書〉）。

記：您抱著「活到老學到老」的毅力，與書本鏖戰到底。您當然可以考上進士，這是毫無疑問的。

陸：我從十九歲到京師臨安考進士，一直考到廿九歲得廳試第一，第二年應禮部試又得第一。

記：從十九歲考到二十九歲，所謂「十年寒窗無人問，一舉成名天下知。」絕不是誑人的話兒。

陸：誰說不是呢？

記：您考取後，立刻「釋褐」（脫掉老百姓衣服）做官？

陸：宰相秦檜的孫子秦塤，跟我同年考，考得第二名……。

記：這下擋了人家的「財路」，您甭想混了。

陸：說的也是！還好第二年十月秦檜死了，我才有機會被分發到福州寧德縣任主簿（主任秘書）。這時我已三十四歲了。

記：不鳴則已，一鳴驚人，日就月將，此去一路宦途順利？

陸：當時主流派主張與金兵和談，而我是主戰派，政策上簡直水火不相容嘛！

記：您又何必斤斤計較於「和」「戰」，大可見機行事嘛！

陸：您的意思叫我喜新厭舊，從「顧面桶」到「辛黨」再到「青眠黨」。

記：有何不可？如果能學學「臺灣之父」，從共產黨到國民黨；再從民進黨到「臺灣蓮霧黨」。見招拆招，加一個毀一個，這樣玩政治才叫爐火純青咧！

陸：不被人「幹」死才怪。

記：越老越曉擺！吃乾抹盡逞英豪！

陸：我一直熬到孝宗即位（西元一一六三年）我才被賜進士出身，出任樞密院編修兼「編類聖政所」檢討官。

記：孝宗是主戰派的？這下您可走對路了！

陸：我歷代京口、鎮江、豫章等地通判；但由於張浚的北伐之舉失利，連帶影響到我的職位……。

記：張浚軍事失利，跟您這個文官有什麼關聯？

陸：他們誣我以「鼓唱是非，力說張浚用兵」的罪名，免了我的職務。

記：於是您回家吃老米飯了。

陸：直到四十六歲，我出任夔州判官。唉！從此我「宦海飄流五十年」〈歎昔〉。

記：政治！政治！真不是人幹的。讓我們談談您的感情生活——婚姻，如何？

英雄氣短、兒女情長

陸：我似乎生來是個「歹命鬼」！

記：怎麼說？

陸：我的仕途固然是坎坷的；我的婚姻更是悲愴的！

記：人生兩大過程，您都不如意，難怪您要感歎：「我命苦！我命薄！」了。

陸：我十九歲時與青梅竹馬的表妹唐琬小姐結婚，兩人相親相愛，原本天造地設，令人羨慕的一對；由於三年內沒有生孩子，加上進士一直沒考取，我母遂遷怒於媳婦，百般挑剔、異樣虐待。認為一切都是她「帶衰」，強迫休妻，別娶王氏。

記：是你母心理變態？還是有虐待狂，這真是人倫一大悲劇。

陸：母命難違，又不忍與相愛的人仳離，便在外租別館，安置她……。

記：企圖「明修棧道、暗渡陳倉」，對母親陽奉陰違了事！

陸：最後仍然被我母察知，鬧上門來，弄得很難堪！

記：沒落賽！不敢愛其所愛！

陸：只得強斷情絲，依依難捨，那時我才二十三歲。

記：唐琬表妹被休後，怎麼過日子？

陸：她改嫁同鄉趙士程先生。

記：男有分、女有歸，您總算放下心頭巨石了！

陸：那曉得十年後的有一天，記得是農曆三月我去城南沈家園參加「修禊之事」，竟然意外地在映波橋畔遇到了趙士程和他的妻子唐琬。

記：那是您日思夜想，念念不忘的小表妹。十年不見，難道還能舊情復發，天雷勾動地火？

陸：基於「吃人的禮教」，我們相對無言，暗然神傷，彼此苦水往肚裡吞！

記：悲莫悲兮，舊情復燃；哀莫哀兮，更添新愁！

陸：還是我表妹勇敢，當下徵得她丈夫的同意，在一個飯館裡奉酒相祝。

記：有這麼可愛的舊情人，止乎禮，行乎敬！

陸：我面對此景此情，不禁往事重現，百感交集，內心在泣血。

記：酒入愁腸，愁更愁！

陸：我乘酒興之後，在沈園的粉牆上，填詞一首。

記：那就是千古風流的〈釵頭鳳〉？

陸：「紅酥手，黃藤酒，滿城春色宮牆柳。東風惡，歡情薄。一懷愁緒，幾年離索，錯！錯！錯！　春如舊，人空瘦，淚痕紅浥鮫綃透。桃花落，閑池閣。山盟雖在，錦書難託，莫！莫！莫！」

記：積壓十年的愛、恨、情、仇，一下子奔騰而出！

陸：我要哭訴！我要讖悔：我要愛，我要被愛！

記：多情的小表妹何以堪？

陸：我們靈犀一點通，共鳴共振。

記：任誰讀了也會肝腸俱裂，不勝感傷之至。

陸：她用原韻，伴著泣血和熱淚，和我一闋。

記：趕快念給我聽。

陸：「世情薄，人情惡，雨送黃昏花易落。曉風乾，淚痕殘，欲箋心事，獨語斜欄。難！難！難！ 人成各，今非昨，病魂常似秋千索。角聲寒，夜闌珊，怕人尋問，咽淚妝歡。瞞！瞞！瞞！」

記：情殷記切，百般無奈；自艾自怨，喃喃自語。

沈家園裡花如錦．那堪回首夢魂中

陸：沒多久，我的小表妹，抑鬱成疾，不久便玉殞香消了。

記：造成了無以彌補的人間憾事，都是你害的！您怎麼這麼沒有擔當？要我！哼！頭可斷，血可流，誓死捍衛愛情的自由。

陸：我已造成了一樁終身遺憾，不忍心再造孽緣。

記：您跟王氏的婚姻，可幸福？

陸：她一口氣替我生了六個兒子：子虛、子龍、子惔、子坦、子布與子聿。

記：終算完成了母命——有子萬事足。

陸：這也難兩全，老人家求的是傳宗接代——「創造宇宙繼起之生命」，我和表妹要的是：增進夫婦之間的幸福。

記：世間真有這樣至情至性的愛情故事？

陸：「……林亭感舊空回首，泉路憑誰說斷腸。懷壁醉題塵漠漠，斷魂幽夢事茫茫；年來妄念消除盡，回首禪龕一炷香。」（〈沈園之一〉）。

記：這是您三十五年後——六八高齡之作，心中永遠有她的倩影。

陸：「城上斜陽畫角哀，沈園非復舊池台；傷心橋下春波綠，曾是驚鴻照影來。」（〈沈園之二〉）。「夢斷香消四十年，沈園柳老不吹綿，此身行作稽山土，猶吊遺蹤一泫然。」（〈沈園之三〉）。

記：這是您七十五歲寫的二首詩：一來此地告別；二來盼望不久，有情人在天堂再見。

陸：「路近城南已怕行，沈家園裡更傷情；香穿客袖梅花在，綠蘸寺橋春水生。」「城南小陌又逢春，只見梅花不見人，玉骨久成泉下土，墨痕猶鎖壁間塵。」（〈十二月二日夜夢遊沈氏園亭〉）。

記：這是您八十一歲時，進不了沈園，以致日有所思，夜有所夢，托身於夢中。此景何以堪？多情種子的放翁呀！

陸：「方舟衝破湖波綠，聯騎踏殘花徑紅；七十年間人換盡，放翁依舊醉春風。」「沈家園裡花如錦，半是當年識放翁；也信美人終作土，不堪幽夢太匆匆。」（〈往遊沈氏園〉）。

記：直到您八十四歲，還想著您的小表妹，往返於時過境遷的沈園，堅貞不渝的現代羅蜜歐——陸游先生。

陸：是我對不起唐琬，我想愛，不敢愛；我想為，不敢為。我太沒用了。

好飲非善飲，放翁亦狂翁

記：您對唐琬的痴情以及唐琬的苦命，構成了一齣如怨、如慕、如泣、如訴的偉大愛情故事，千古不朽；可是我聽說您五十二歲在蜀任成都安撫司兼四川制置使范成大的參議官後，納妾、嫖妓、攜尼，無所不為。您這樣對得起唐琬表妹嗎？

陸：我就是因為懷念小表妹，所以才鎮日地飲酒作樂，醒時無多，放浪於形骸之外，因自號為「放翁」。

記：那嫖妓，攜尼……又怎麼說呢？請從實招來，不可隱瞞！

陸：有一次我遠行住旅店，見壁間題詩云：「玉階蟋蟀鬧清夜，金井梧桐辭故枝；一枕淒涼眠不得，呼燈起作感秋詩。」

記：這顯然是少女思春詩。

陸：一探之下，原來是旅館主人女兒題的詩，少女情懷總是春，實在值得憐惜。那些男人都死到那裡去了？

記：這年頭曠男怨女總是免不了的。

陸：我徵得旅店主人同意，納她為妾。

記：您這又是為了什麼？

陸：由唐琬表妹的分手事件，使我深深的感到愧疚，一個男人孤負了美人心，乃是天下的大罪人。

記：這在心理學上叫類化作用，難不成您開了「愛情救濟院」？

陸：誰叫我負欠美人多！

記：結果這位旅店美女幸福嗎？

陸：金屋藏嬌躲躲閃閃了半年，被我那凶婆娘王氏偵知，逐出。

記：我說嘛！為了可憐一個女人，結果得罪另一個女人，也害了這個女人。

陸：我心實不忍！

記：聽說您連尼姑都要？

陸：不是我要不要的問題。

記：而是您能不能的問題。

陸：有次到寺廟逛逛，看到一個才十二、三歲的雛尼，心想青燈、黃卷、木魚，她要如何渡過這一輩子。

記：於是您又要「解救」女同胞了。

陸：我帶她離開蜀地，回我家鄉……，

記：聽說您對妓女也這樣？

陸：有次我從四川帶個妓女回來，給她弄個房子住，我也不能老陪她，數日才去看她一回，有次我生病了沒去看她。

記：鐵定她跑了。

陸：我作了一首詩，表示我的歉意；她用我的韻回了一首：「說盟、說誓、說情、說意，動便春愁滿紙。多應念得脫空經，是那個先生教底？

不茶、不飯、不言、不語，一味供他憔悴。相思已是不曾閑，又那得工夫咒你？」

記：您這是一廂「誣染」、亂愛；一廂「剖白」、相思。不斷地炮製著愛情悲劇嘛！

陸：我是很認真的，我在六十二歲那年還娶了一房小妾。她還替我生下一女叫閏孃，不過才兩歲就死了。

記：您一直在尋覓像表妹唐琬那樣的愛情而不可得。

陸：說的也是。

上馬擊狂胡，下馬草運書

陸：你今天專門來洩我的底？還是看我笑話來著？

記：讓我們回歸正題，談您的詩罷。

陸：我的詩作，可粗分為四大類，其第一類為愛情詩。

記：這我知道！您跟唐琬表妹〈釵頭鳳〉和以後懷念她的詩都屬於這一類；那第二類呢？

陸：是鼓吹從軍樂的詩。

記：戰爭多可怕！我們看唐詩，無論是杜甫或白居易都以反戰、厭戰作為題材，而您卻鼓勵戰爭。

陸：時代背景不同，唐朝是個拓展朝代，連年東征西討，以至於烽火連天、民不聊生；而宋朝卻是個苟安退卻的朝代，所以我要鼓勵從軍。

記：有那些作品？

陸：像〈江上對酒作〉：「……戈船破浪飛，鐵騎射日光；胡來即送死，詎能犯金湯？汴洛我舊都，燕趙我舊疆，請書一尺檄，為國平胡羌。」

記：滿腔熱血，壯志凌雲。

陸：像〈金錯刀行〉，也是同類作品。

記：就是那首：「黃金錯刀白玉裝，夜穿窗扉出光芒。丈夫五十功未立，提刀獨立顧八荒。京華結交盡奇士，意氣相期共生死。千年史策恥無名，一片丹心報天子……嗚呼！楚雖三戶能亡秦，豈有堂堂中國空無人。」

陸：還有我的〈獨酌有懷南鄭詩〉：「投筆書生古來有，從軍樂事世間無……白首功名原未晚，笑人四十歎頭顱。」

記：還有「……壯哉組練從天來，人間有此堂堂陣，少年頗愛軍中樂，跌宕不耐微官縛，憑鞍寓目一悵然，思為君王掃河洛……起傾斗酒歌

出塞，彈壓胸中十萬兵。」

陸：那是我的〈弋陽道中遇大雪詩〉在「大雪塞空迷遠近」之中，從軍之樂，不但可以滿足年輕人那分不耐束縛的豪情；而且，只有從軍，才能完成有志青年光復河山的壯志宿願。

記：那第三類呢？

陸：到了晚年，我已年老力衰，眼看壯志未酬，悲憤激昂的感情，只好訴之於文字，可說是「壯志未酬詩」。

記：像〈觀大散關圖有感詩〉：「上馬擊狂胡，下馬草軍書。二十抱此志，五十猶癯儒……安得從王師，汎掃迎皇輿……偏邱縛可汗，傾城觀受俘。丈夫畢此願，死與螻蟻殊，志大浩無期，醉膽空滿軀。」

陸：即使在醉酒之中，都有光復河山之志。

記：可敬，可佩！

陸：「早歲那知世事艱？中原北望氣如山……塞上長城空自許，鏡中衰鬢已先斑。出師一表真名世，千載誰堪伯仲間？」（〈書憤〉）。

記：書空咄咄，兀自欺息而已。

陸：「死去原知萬事空，但悲不見九州同。王師北定中原日，家祭無忘告乃翁。」(〈示兒〉)。

記：這簡直是您的遺囑了。有如中山先生的「和平、奮鬥、救中國」遺言一般。

陸：誰說不是呢！那是垂死的掙扎！

記：那第四類呢？

陸：是為「田園詩」類。

記：您熱愛祖國、熱愛人民、也熱愛生活，特別是晚年「身雜老農間」〈晚秋農家〉，對農民生活和思想、感情，有進一步的了解，認為他們才是一群腳踏實地，付出勞力、付出心血、付出生命(參加勞役與戰鬥)的葛天氏之民。

陸：「野人知我出門稀，男輟鋤耰女下機；掘得茈菇炊正熟，一杯苦勸護寒歸。」(〈東村〉)。

「驢肩每帶藥囊行，村巷歡欣夾道迎；共說向來曾活我，生兒多以陸為名。」(〈山村徑行因施藥〉)。

記：農民們固然純樸可親，也是您放下身段與他們打成一片。

陸：「早稻喜登場，相呼集野堂；迎霜新兔美，近社濁醪香，茆屋滴

殘雨，竹籬圍夕陽；新豐不須作，真個是吾鄉。」（〈鄉曲小飲〉）。

記：雨過天青，早稻登場，鄉親們集聚一堂，開懷暢飲，分享那豐收的喜悅。

陸：「舍前舍後養魚塘，溪北溪南打稻場；喜事一雙黃蛺蝶，隨人來往弄秋光。」（〈暮秋〉）。

記：漁米之鄉，秋收登場，連蝴蝶兒都興高采烈，歡欣鼓舞不已。陸先生！您真是個「全能詩人」啊！

陸：不敢當，謝謝您的讚美。

以戲劇為武器的文學鬥士
～關漢卿訪問記～

元朝是中國文學史上的低潮期，文章的氣勢尤其不振。此乃「異族」入主，廢科舉制度的結果；一官、二吏、三僧、四道、五醫、六工、七匠、八娼、九儒、十丐，儒生地位特別低。

老子說：「禍兮福所倚，福兮禍所伏。」（第五十八章）元朝應運而生的一種新興文學便是曲。人們恆以「元曲」與「宋詞」、「唐詩」、「漢賦」、「楚辭」並稱，成為這個時代特有的代表文學。

「曲」之來源，實源於詞，詞已被稱為詩餘；因而曲亦可稱為「詞餘」（《姚華論文後編・目錄下》）；同樣的「詩」乃「賦」餘，「賦」乃「辭」餘。考其一脈相傳的源流乃由三字的楚辭，放寬到四字的漢賦，再演進到「五言」、「七言」的古律唐詩，新樂府、

再形「解放」到被稱為長短句的宋詞。

時序進入塞外民族之入主，宋人原有的俚語（中古漢語）夾雜著胡語俗話（現今的北京話 Mandarin 就是中古漢語的宋音與蒙古語、滿州語的雜交體），所以元曲乃是一種通俗的文言、語體混合的白話文學。

《易．繫辭下》「其旨遠，其辭文，其言曲而中，其事肆而隱。」孔穎達疏：「其言隨物屈曲，而各中其理也。」「曲」是漢族文士在異族高壓統治下，既不能言志，又不能表達真情，更不能訴說抱負（詩者志也、持也、承也）只好託體卑俗，委「曲」以求全，聊抒胸懷鬱卒。是也？非也？讓我們一訪「元曲四大家」之一的關漢卿，讓他說個明白，講個清楚。

戲曲、散曲、北曲、南曲

記：關大師，關大師！您是我國「元曲四大家」之一，請抽空接受記者訪問，談談元朝時代文學——曲。

關：元代的戲曲，不僅僅是一種白話文學，更是一種表演文學。

記：怎麼說呢？

關：眾所周知，楚辭、漢賦、唐詩、宋詞乃是我國一脈相傳的文學傳統；到了元朝形成了綜合的「第五文學」——曲

記：就像電影在上個世紀綜合詩歌、音樂、繪畫、雕塑、建築、舞蹈、戲劇等成為「第八藝術」一樣。

關：我朝的戲曲：其內容包括表演、道白與歌唱。

記：即所謂的「科」、「白」、「唱」三者。

關：其扮演的角色又分為末（即生）、旦、淨、丑……等；至於演員們在舞台上歌唱的，便是「曲」。

記：為何有「劇曲」與「散曲」之分？

關：有故事情節，包括成套的科、白、唱，可以在舞台表演叫「劇曲」；單獨的「小令」（五十八字以內）與「套數」（無白之清曲）便是散曲。

記：何謂「套數」？

關：使用二個以上之曲牌成為一個「歌曲」，是為套數。

記：怎麼又有南曲、北曲之分？

關：北人所作之曲曰北曲，中原音調，以雄偉見長；南人所作之曲曰南曲，以江南音調為之，委婉為其特色。

記：曲也講求「一國二制」？

關：中國實在太大，以長江為界，南北截然不同。

記：就像粽子、湯圓、舞獅、舞龍都免不了有所區別。

關：大致上說來，北曲以琵琶彈奏為主，重在絃索；而南曲則以鼓板為主，重在敲打。

記：其韻味自然有別！

關：北曲一人獨唱，唱時一韻到底；南曲則可兩人對唱，唱時可以換韻；北曲以賓白開場；南曲則先唱後白。

記：北曲較單純，南曲較活潑、自由。

關：另外，北曲往往以四折為原則，曲前以楔子為引，以尾聲殿後；南曲折數無甚限制。

雕蟲小技．壯夫不得不為

記：我看您是「生而倜儻，博學能文，滑稽多智，蘊藉風流」（熊自得《析津志》）的關東大漢，怎麼搞起曲、詞之類的末技小道。在正統文學家看來，那是「壯夫不為」的事兒。

關：有道是「形勢比人強」嘛！也有不得不為的苦衷。

記：怎麼說？

關：金、元之交，異族入主，科舉之廢達七十八年之久。

記：舉子、學人頓失攀援之路。

關：加上蒙古人：「……六工、七匠、八娼、九儒、十丐。」的社會階層制度。

記：百無一用的書生，被打壓、被侮辱到情何以堪的地步！

關：但是，人總是要活下去的！

記：陽關大道此路不通，只好選擇羊腸小徑了。

關：元朝滅宋之後，建立橫跨歐亞非三大洲的大帝國。

記：大都北京自然成了世界政治中心，使節紛至沓來，商旅雲集，一

個繁華的國際大都會，自然產生合乎普羅大眾、雅俗共賞的文化娛樂。

關：勾欄瓦舍處處，「存在即是需要」，不遇之士與潦倒文人，莫不紛紛投入劇本的創作。

記：這也是「需要即存在」，「存在即合法」的邏輯。

關：當時有姓名可考的雜劇作家，就有八十二人之多，總共創作了五百餘種雜劇。

記：真可說漪於盛哉，熱鬧滾滾；您也是在這種「趕時髦」的情況下「撩落起」的！

關：科考已廢，功名前程絕望，我鬱卒！我苦悶！我整天地流連忘返於歌榭舞台、勾欄妓院中，與歌妓舞娘廝混，聊以消愁解悶。

記：「向陽花木易為春，近水樓台先得月。」您「近朱者赤，近墨者黑。」自然而然地走上了戲劇之路了。

關：這是不得已的事，也是順理成章的事啊！因為我能寫詩撰文，能填詞作曲，能歌善舞，又精通各種樂器，手到擒來，無不得心應手。

記：會不會因為您無法得志於科場，在作品中顯出落拓、灰色；或者放蕩於形跡之外，從事於「拳頭」（暴力）與「枕頭」（色情）的作品。

關：我關一齋，字漢卿，晚號已齋叟。就知道我是一個具有強烈民族思想的人；由於長期處於社會底層，更能洞察社會黑暗，人民痛苦。

記：所以您的作品，充分反映社會現實，反抗殘暴的蒙古統治階級，絕對不是一般的「肥皂劇」、「案頭劇」、「枕頭戲」、「爆笑劇」……所可比擬的。

關：「我是個蒸不爛、煮不熟、搥不扁、炒不爆，響噹噹一粒銅豌豆……你便是落了我的牙、歪了我的嘴、瘸了我的腿、折了我的手……尚兀自不肯休……。」(〈不伏老〉)。

記：您自負、自強、自得其樂，標準的硬漢一條。

感動天地《竇娥冤》

記：在您六十六種的作品中，最具代表性、最得意的是那一部？

關：《竇娥冤》。

記：說說本事看！

關：長安京兆秀才竇天章家貧妻死，流寓楚州。向寡婦蔡婆婆借銀二十兩，一年期滿本利達四十兩，屢索不還。

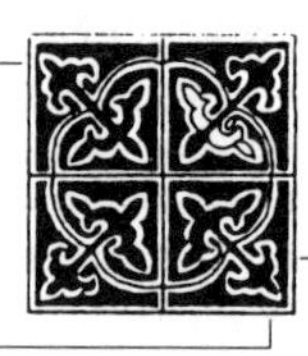

記：地下錢莊高利貸的吸血鬼，無處不有，無時不有，快樂、希望……的阿扁執政後更多。

關：你不要泛政治化，請聽我說嘛。

記：竇秀才只好將他才七歲的女兒端雲送與蔡婆婆做童養媳，再揣了十兩銀子，上京應舉去了。

關：你怎麼知道的？

記：中國婦女在「解放」前，清一色的是「油麻菜仔命」。在中國五千年的歷史巨輪下輾轉呻吟，暗無天日……。

關：在「民主」、「進步」中的台灣婦女，應該可以「獨立」、「自主」、「走出自己的路」來！

記：援交三千、賣卵十萬、包養百萬，檳榔西施、站壁流鶯臨生產還接客……路是走出來了，一樣是「為國捐軀」的「血汗路」而非「智慧路」！

關：難道政客們都死光了嗎？

記：還準備立法，抽成吃紅呢！

關：竇娥長到十七，便與蔡婆婆的兒子成婚，不上二年丈夫害癆病死忒了！

記：這女人怎麼這麼命苦？

關：苦命的還在後頭呢！有個在南門外開生藥鋪的賽盧醫向蔡婆借了十兩銀子……。

記：這個兼賣海狗丸、威爾鋼、美白素的江湖密醫，到時要還蔡婆二十兩……。

關：賽盧醫一不做、二不休把蔡婆騙到荒野郊外將之勒死……。

記：這跟女保險員被姦殺在公路旁是一樣的手法。

關：說時遲、那時快，流氓張驢兒父子正好經過，賽盧醫慌忙逃走，遂救醒了蔡婆。

記：這張驢兒父子應榮登二〇〇五年好人好事名人榜才對。

關：那曉得在流氓父子得知蔡婆家還有個年輕俏寡婦時，竟然興起「你要這婆兒，我娶她媳婦兒，何等兩便」的念頭兒。

記：這蔡婆是引狼入室，六十多歲再招丈夫，可說是活得不耐煩了。

關：竇娥抵死不從，反把張驢兒推了一跤……。

記：這下張驢兒豈不怒從心中起，惡向膽邊生。

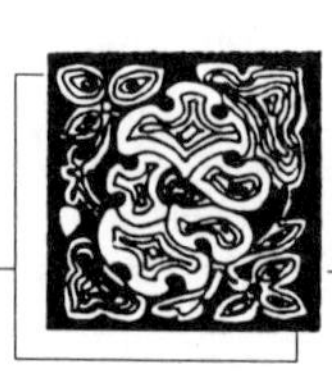

關：說的也是！他趁蔡婆生病之時，從賽盧醫那兒取得毒藥，下在蔡婆的羊肚兒湯裡，想說只要蔡婆被毒死後，不怕她一個孤女不從。

記：結果陰錯陽差的被張老頭吃了，死了，卻說是婆媳兩人毒死了老頭兒。

關：張驢兒嚷著要告狀，除非竇娥順了他，做他媳婦。

記：竇娥寧死不從，情願見官。

關：縣官桃杌是蒙古官，張弓射箭出身，既非功名科考及格，又聽不大懂漢語，聽了一面之詞，咬定是竇娥毒死的，三木五刑、大棍屈打，三死三蘇，還是不招。

記：接著，在蔡婆身上用刑。

關：你怎麼知道的比我還清楚？

記：情治與司法機關，向來是一條鞭法——只問結果（業績）不問過程的。正應驗了：「官吏們無心正法，百姓們有口難言。」

關：竇娥為了婆婆免於拷打用刑，情願畫供招了，押付市曹斬首。

記：臨刑時，竇娥可有什麼要求與遺言？

關：第一，要一領淨席站立，又要丈二白練掛在旗桿上，若是冤情，

*感天動地竇娥冤

則刀過處，頭落地，一腔熱血，半點兒不沾在地下，都飛在白練上。

記：其次呢？

關：若是冤情，身死之後，六月天降三尺瑞雪，遮掩了竇娥身首；從今後楚州大旱三年。

記：結果，這三個「無厘頭」的願望，全都一一應驗了，太慘了！太慘了。這是世紀悲劇，您是在什麼情況下，寫出這樣感天動地的世界悲劇？

兩性平權・民族平等

關：當時蒙古入主，民族歧視達於極點，彼操有生殺予奪、任意榨取大權，善良老百姓過著悲慘生活，婦女們更是在「大魚吃小魚，小魚吃小蝦，小蝦吃泥土」的輾轉剝削下，被凌虐到苦不堪言，慘不忍睹的地步中。

記：您關愛婦女，為婦女打抱不平，尤其身處底層社會的娼妓、優伶、婢女、寡婦、無告者……。

關：像痛子慘死、聲情淒厲的鄧夫人〈哭存孝〉，烽火尋親的孝女王瑞蘭〈拜月亭〉，俠妓趙盼兒〈救風塵〉，才智出眾的〈謝天香〉，多情善怒的杜蕊娘〈金線池〉。

記：都是一些像竇娥、王婆婆、杜蕊娘等社會底層的小人物。

關：總之，我創作的劇曲，以女性問題為主軸，環繞著三大問題。

記：是哪三大類主題？

關：第一，專寫男女婚姻糾紛，而為女子抱不平者。

記：計有〈王鏡台〉、〈謝天香〉、〈金線池〉、〈拜月亭〉、〈調風亭〉等五劇。第二類呢？

關：專寫社會黑暗不平、貪官污吏者。

記：像〈竇娥冤〉、〈魯齋郎〉、〈蝴蝶夢〉、〈非衣夢〉、〈救風塵〉、〈切鱠日〉等六劇。那第三類呢？

關：寫歷史人物故事者有：像〈單刀會〉、〈西蜀夢〉、〈哭存孝〉、〈五侯宴〉、〈裴度還帶〉等劇。

記：〈單刀會〉寫「魯子敬索荊州，關大王單刀會」；〈西蜀夢〉寫「荊州牧閬州牧二英魂，關雲長張翼德雙赴夢。」含有強烈「漢賊不兩立」的民族思想。

關大王獨赴單刀會

元關漢卿

第一折

〔冲末扮魯肅上〕〔云〕三尺龍泉萬卷書。皇天生我意何如。山東宰相山西將。彼丈夫兮我丈夫。小官姓魯名肅字子敬。見在吳王麾下爲中大夫之職。想當日俺主公孫仲謀占了江東。魏王曹操占了中原。蜀王劉備占了西川。有我荊州。乃四衙用武之地。保守無虞。分天下爲鼎足之形。想當日周瑜死於江陵。小官爲保。勸主公以荊州借與劉備。共拒曹操。主公又以妹妻劉備。不料此人外親內疎。挾詐而取益州。遂併漢中。有霸業興隆之志。我今欲取索荊州。料關公在那里鎮守。必不肯還我。今差守將黃文。先設下三計。啓過主公。說關公韜略過人。有兼併之心。且居國之上游。不如取索荊州。今據長江形勢。第一計趁今日孫劉結親。已爲唇齒。就江下排宴設樂。修一書以賀近退曹兵玄德稱主於漢中。讚其功美。邀請關公江下赴會爲慶。此人必無所疑。若渡江赴宴。就於飲酒席中間。以禮取索荊州。如還。此爲萬全之計。倘若不還。第二計將江上應有戰船。盡行拘收。不放關公渡江回去。淹留日久。自知中計。默然有悔。誠心獻還。更不與呵。第三計壁衣內暗藏甲士。酒酣之際。擊金鐘爲號。伏兵盡舉。擒住關公。因於江下。此人是劉備股肱之臣。若將荊州

孤本元明雜劇　單刀會　一　涵芬樓藏版

＊《孤本元明雜劇》本《單刀會》首頁

關：處在那個時代，也只好點到為止了。

記：俗云：「內行看門道，外行看熱鬧。」

關：也只有這樣子了。

失之桑榆．收之東隅

記：By the Way，我想請教一下〈狀元堂陳母教子〉的本事！

關：話說宋故陳相國的夫人馮氏，生有三子一女：長子陳良資、次子良叟、參子良佐，女名梅英。

記：馮夫人治家嚴厲，訓子攻讀，其子應成就非凡？

關：一家四狀元，興建狀元堂。

記：三個兒子怎麼會出四狀元呢？

關：良資翰林承旨，次子國子祭酒，三子太常博士，女婿王拱辰（梅英夫婿）博學廣文任參知政事。

記：真有此事。

關：業國公寇準宰相奉旨採訪賢良，認為馮夫人大賢大德，治家有法，教子有方，奏准封賢良夫人，進京接受表揚。

記：她三寸金蓮小腳一個如何進京？

關：馮夫人坐了轎子，命三子一婿，四狀元抬著來見寇準。

記：天底下的風光莫過於此，我看您的心底仍然時刻不能忘懷於科舉考試，中舉點狀元。

關：我所有劇曲中的男主角，不是秀才，就是舉人，當然登峰造極的定是進士狀元郎。

記：您以未得科名為終身之憾！

關：確實如此！

記：其實不只是您，連與您同時的另一大詞家王實甫先生都有這種遺憾！

關：是嗎？

記：不然他為什麼要寫《呂蒙正風雪破窯記》？

關：這是他寫的雜劇之一？

記：正是寫家有萬貫資產的劉月娥，拋繡球招夫婿，擊中了窮書生呂蒙正。劉員外嫌貧愛富，企圖毀約，但月娥執意不從，於是她放棄富家生活，跟隨呂蒙正住破窯度苦日……。

關：十年後，呂蒙正考取狀元，榮歸故里，衣錦還鄉。

記：有道是：「世間休把儒相棄，守寒窗終有崢嶸日；不信到老受貧窮，須有個龍虎風雲會。」《破窯記》。

關：原來我們同是「干祿無階，入仕無路」的天涯淪落人。

記：其實，您應感到慶幸：由於元朝廢科舉，才造就了您這位擁有六十六種作品之多的戲劇大家，比起莎士比亞多出一倍，而且早出道四百多年。

關：什麼「啥事屁啊」？我才懶得跟他比呢！

記：對！您是中國第一，世界第一的劇作家。

關：不過，我還是對於未能「題名雁塔」，參加皇帝的「曲江大宴」與「遍遊名園」的風光耿耿於懷。

記：您真的犯了不可救藥的「科考症候群」！

跋(一) 歷史是面鏡子

*黃向文

「以銅為鏡，可以正衣冠；
以史為鏡，可以知興衰；
以人為鏡，可以明得失。」

唐・魏徵

讀歷史，就像在照鏡子；不過，對於我們這些「五年級」的自然組學生來說，所謂的「歷史」課，就是在課本封面有著長相嚴肅、古味十足的歷史人物，內容則是千篇一律的平鋪直敘、單一觀點。說白話些，就是單調乏味，絲毫引不起興趣。加上考試以背誦為主，念歷史實在是一件苦差事，因而大學聯考肯定以自然組為唯一目標；歷史，只是在多年苦讀生活中的一段沉悶「歷史」罷了。

經過這些年，對於所謂的「歷史」，除了課本封面早已被淡忘的君王

面孔（管他哪個皇親國戚、還是帝王將相，都是那一百零一個表情、一百零一頂帽子、加上一百零一撇鬍子）、零碎片段的年代（諸如：西元一四五三年「一死五傷」東羅馬帝國滅亡，西元一七八九年「一吃八九」碗的法國大革命、西元一八九四年「一棒就死」的中日甲午戰爭……）、連綿不斷的戰爭和條約、以及相較之下更有意義的一些口訣外，反倒不如小時候從漢聲出版社「中國童話故事」中獲得的歷史人物形象來的深刻。

時勢轉移至今，所謂的教改創造出許多新名詞：九年一貫、一綱多本、推薦甄試、多元入學……在這價值多元化的Y世代、E世代，像過去這種唯一且絕對的價值觀早已不能符合潮流需求：我們對曾國藩、洪秀全、毛潤之、張學良、黃杰……，恐怕不再有所謂的標準答案。更妙的是，為什麼慈禧硬要光緒喊「她」親爸爸，「愛之深、責之切」之餘，在她臨死前還要他「與我偕亡」。讀者們若有敏銳的歷史嗅覺，當可心領神會了。

公公是我第一個遇見能讓歷史人物活靈活現的學者，許多在印象中硬梆梆、善、惡、黑、白分明的人物，配上許多稗官野史，生活中的點點滴滴，一個個彷彿從歷史中活了起來。從這些引人入勝的訪談中，可以嗅出真正的人本思想和人文關懷。歷史似乎成了身旁的良師益友，不再那麼冷冰冰了。

《黑白歷史》，不但是面鏡子；也是一個能提供「多方面」看法的三稜鏡；傳統教忠教孝說法之外的哈哈鏡；深入角色內心世界的顯微鏡；透過書中的說法，更提供了以古觀今、以古為鑑的望遠鏡。對照今日紛亂的政壇人物，似乎在歷史中不乏這些角色的翻版。我不確定人類是否永遠無法從歷史中學到教訓；我倒是懷疑，如果當年遇上像公公這樣的歷史老師，難保不改行念歷史去了。

＊本跋作者乃我家大媳婦，任職於農委會。從北一女、台大一路走來，她左攬高考、右摘碩士；擔任公職、出國開會；作研究、修博士；嫁丈夫、生寶寶；侍父母、奉公婆……。無不得心應手，手到擒來。堪稱韓黃兩家新生代的模範生。

跋(二) 讀史，人生最有價值的投資

*韓德彥

媒體報導，台灣人每個月閱讀平均時數遠低於日、韓等國；且閱讀時間多花在漫畫、報紙或八卦雜誌之上，引起許多人關心注意。另外，不少師長父母對於如何引導孩子喜歡讀書也同樣傷透腦筋，甚至不知道該如何為孩子選書。依據我自己的成長經驗，我認為讀史是人生最有價值的投資，不僅可以訓練語文及批判思考能力，也可陶冶性情，及早確立人生方向。

父親在我小學五年級的時候，便挑選歷史人物圖書讓我閱讀，並要求我撰寫讀後心得報告，每個月寫一篇，由父親批改後謄寫到作文簿裡，完成後可得一百元。記得我第一本讀的書是伍子胥的故事，讀完後我對這個人有了鮮明印象，後來老師上課剛好講到，我成了全班唯一知道伍子胥的人。同學、老師對我讚賞有加、另眼相看，我第一次嘗到讀書的甜頭，感

到十分驕傲！

想不到肚子裡稍有墨水，上國中後我參加作文比賽竟屢次得名，於是我對寫作愈來愈有興趣，同時也慢慢奠定自信基礎。國三畢業時的一篇〈悲涼國三〉，還得了「青年世紀」文學獎第三名；高中時參加救國團自強活動後寫了篇〈早安農友〉，也得了全國第一。想想若無國小的那本伍子胥，現在大概也沒法常在報刊寫文章了。

在建中念高一時，歷史老師要我們讀史記、寫報告。父親自然又成了我專屬的指導老師。他說楚漢相爭的故事精采萬分，歷史人物的性格突出，值得大書特書；可惜劉、項兩人都已被其他同學選定，於是便選了本家人韓信作為報告題目。父親跟我大談韓信著名的「胯下之辱」、「一飯千金」等故事，生動之至，猶如說書，令人回味再三，流連嚮往；又說到以他用兵之神，大可自立為帝的另類思想，以及「兔死狗烹、鳥盡弓藏」讓人不勝唏噓的千古悲劇。由於他的細心指導，讓我在立論、構思、找資料等方面受益良多，後來這篇報告果然受到老師大大讚賞，我便再一次得到行為增強（behavioral reinforcement）。透過這個歷程，我明白了作學問的基本方法，同時也發現了學習的樂趣。

高二時受教於施寄青老師，她要我們在寒假期間讀一本書，並於下學期課堂上作口頭報告。有了先前的學習經驗，這次我自己選書、讀書，甚至安排報告中的笑話串場，每天通勤時總是想著如何能把報告做到完美，最後果然如願得到最初設定的目標——滿分！這對我來說又是學習歷程中的一大鼓勵，不僅奠定了口才實力，也讓我自信倍增。至今我非常感謝建中所給我的三年教育，讓我能自由自在探索自己，發揮才能，我相信這樣的經驗對我日後的發展，有著關鍵性的影響。

以第一志願考上台大心理系之後，我在各門課寫報告經常得高分，甚至滿分。我想最主要原因，還是先前讀史培養出的批判與組織能力所致，從舊文獻中找出新觀點，才能受到老師們的認同與讚賞。大三時我寫的一篇知覺心理學報告，後來發表在科學月刊裡，我感到非常得意，畢竟很少有大學生本科可以在科學月刊發表文章！

隨後我繼續攻讀臨床心理學，並任公職從事臨床服務，又從心理學的觀點發現讀史的另一個好處：觀今鑑古，進而藉古抒懷，恰好可從認知與情緒兩方面，協助我們適應生活。古今多少仁人志士、英雄豪傑，都在「理想與現實」的兩端掙扎，有些人平安度過人生關卡，有些人則抑鬱以

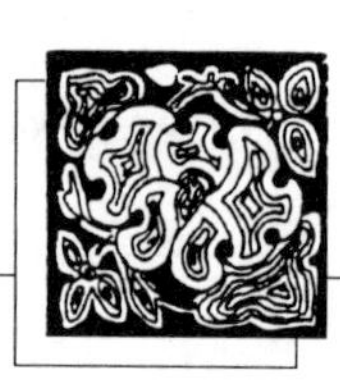

終，甚至自我了結。我們可從歷史人物的因應之道中，歸納出以下幾種主要方法：

一、堅持理想抱負：這種人是非善惡分明，絕不輕易妥協，堅持真理只有一個，埋頭苦幹、至死方休，孔子「明知其不可為而為之」，諸葛亮「鞠躬盡瘁死而後已」可說是主要代表人物。

二、立言以挽狂瀾：這種人雖未在朝，但試圖以文字影響世局，力挽狂攔，如詩聖杜甫，愛國詞人辛棄疾，飲冰室主人梁啟超等。

三、寄情山水避世：這種人不願見到政局混亂、民不聊生，索性「眼不見為淨」，或寄情山水如蘇軾，或縱身酒池如竹林七賢，或避世而居如陶潛等。

四、投身其他領域：這種人跳出政治，轉赴其他領域發展，往往也有傲人成就，如老莊之於哲學，司馬遷之於史學；又如王維投身詩畫佛學，關漢卿致力戲曲創作等，讓中華文化光耀生輝，增色不少。

五、殺身成仁取義：這種人無法承受世局動盪與變遷，只能以死求得解脫，如屈原、文天祥、方孝孺等，常被人視為成仁取義的英雄。

六、扭乾坤風雲變：這種人看不慣現實社會，不滿於政治現況，糾眾稱兵推翻之。如項羽、劉邦、朱元璋、洪秀全、孫中山、毛潤之。成功？失敗？建國？殃民？無從定論。

以上六種方法，各人時空境遇不同，未必有好壞對錯之分，難以一概論之。不過站在心理衛生觀點，「行到水窮處，坐看雲起時」的胸懷頗值得現代人學習，而屈原憂憤時局、投江自殺似乎又無必要。從古人心理狀態的這個角度來讀歷史，歷史就會變得有血有肉，活靈活現，猶如良師益友長相左右，終身受惠。

父親自公職退休後，日日黎明即起，投身歷史人物訪談的新文學創作領域，從《挑戰歷史》、《顛覆歷史》、《八卦歷史》，到現在的《黑白歷史》，篇篇考究再三，詼諧中不失莊嚴。透過父親的生花妙筆，讀者們不僅能一窺古人內心世界，更能將這些歷史故事，引為自己立身處世的參考，而讓自己活得更好。區區幾百塊書錢，卻能買得無價智慧，可說是一本萬利，勝過任何一種投資！

「超時空人物訪談」是一套極佳的通識教育讀物，青年學子宜人手一冊，創造力、組織力、批判能力都能有所提升，進而以更宏觀的視野，看待自己的人生。或許在您成長的歷程中，未必遇到像我父親一般的「另類」

老師，然而您可以將「超時空人物訪談」一套四冊帶回，相信您必能從中得到啟發，甚至對您的人生帶來重大影響！

祝福所有讀者，都能深深體會讀史之樂，並擁有健康快樂的豐富人生。

＊本跋作者，乃我家三兒子，他畢業於台大心理研究所，現任公職臨床心理師，是聯合報，中國時報〈醫藥健康版〉專欄作者。

國家圖書館出版品預行編目資料

黑白歷史：超時空人物訪談／韓廷一著. —
初版. --臺北市：萬卷樓, 民 92
面；　　公分
1.中國-傳記
ISBN 957-739-423-X(平裝)
782.1　　　　　　　　91022951

黑白歷史：超時空人物訪談

著　　者　韓廷一
發 行 人　楊愛民
出 版 者　萬卷樓圖書股份有限公司
地址：臺北市羅斯福路二段 41 號 6 樓之 3
電話：(02)23216565・23952992
傳真：(02)23944113
劃撥帳號：15624015 萬卷樓圖書股份有限公司
網址：http://www.wanjuan.com.tw
E-mail：wanjuan@tpts5.seed.net.tw
出版登記證　新聞局局版臺業字第 5655 號
總 經 銷　紅螞蟻圖書有限公司
地址：臺北市內湖區舊宗路二段 121 巷 28 號 4F
電話：(02)27953656(代表號)
傳真：(02)27954100
E-mail：red0511@ms51.hinet.net
承印廠商　晟齊實業有限公司
定　　價　320 元
出版日期　民國 92 年 3 月初版

ISBN 957－739－423－X